통계로 보는 **보는**

은퇴스토리

5F

한화생명 은퇴스토리 03

통계로 보는
은퇴스토리

5F

한화생명 보험연구소

FINANCE

FITNESS

FRIENDS

FIELD

FUN

48.5%! 경제협력개발기구(OECD)가 발표한 2012년 우리나라의 노인빈곤율입니다. 34개 OECD 회원국 중 가장 높은 불명예스러운 1등입니다. 65세 이상 노인이 일을 해서 소득을 올리기는 쉽지 않습니다. 따라서 이미 빈곤층으로 전락한 노인들은 앞으로도 빈곤을 벗어나기가 매우 어렵습니다. 이에 따라 정부가 나서서 기초연금을 만드는 등 노인복지를 위해 노력하고 있는 것입니다.

그렇다면 정부의 노인빈곤 퇴치를 위한 노력의 성과를 어떤 잣대로 평가할 수 있을까요? 이 때 내놓는 것이 바로 통계입니다. 예를 들어 2020년 우리나라의 노인 빈곤율이 40%까지 내려갔다고 해 보죠. 정부는 노인빈곤율이 48.5%에서 40%로 8.5%포인트나 낮아졌다며 대대적으로 홍보할 것입니다.

이처럼 통계는 정부정책의 성과 측정은 물론 개인의 삶과도 밀접한 관계를 가지고 있습니다. 태어나면 평균적으로 몇 살까지 살 수 있는가를 의미하는 기대수명, 현재 50세의 여성이라면 앞으로 몇 년을 더 살 수 있다는 기대여명, 몇 살까지 건강하게 살 수 있을까를 보여주는 건강수명 등 우리의 인생은 통계로 시작해 통계로 끝난다고 해도 과언이 아닙니다.

우리들 대부분이 머리 아파하고 싫어하는 것이 통계와 숫자입니다. 그러나 어렵게 느껴지는 통계들이 오히려 복잡한 사회현상과 인생의 단면을 일목요연하게 보여주기도 합니다. 실제로 소득과 지출, 자산과 부채는 물론이고 은퇴 또는 노후설계, 연금, 보험, 건강, 여가 등 우리 인생의 오만가지가 다 통계와 관련돼 있습니다.

그래서 이번에는 행복한 노후를 위해 필요한 5F(Finance, Fitness, Friends, Field, Fun)를 기준으로 짚고 넘어가면 좋은 통계들을 모았습니다. 인포그래픽을 이용해 시원하면서도 알기 쉽게 펼쳐볼 수 있도록 편집하고 책 제목도 아예 〈통계로 보는 은퇴스토리〉로 정했습니다. 〈비하인드 은퇴스토리〉, 〈영화 속 은퇴스토리〉에 이은 한화생명의 세 번째 은퇴스토리가 여러분의 은퇴준비에 큰 보탬이 되길 바랍니다.

한화생명 보험연구소장
최성환

차 례

재무 | F.I.N.A.N.C.E

Chapter I

건강 | F.I.T.N.E.S.S

Chapter II

차 례

가족과 친구 | F.R.I.E.N.D.S

Chapter III

일거리 | F.I.E.L.D

Chapter IV

재미와 여가 | F.U.N

Chapter V

※ 각 통계표 하단에 표기된 연도는 보고서 발표연도가 아닌 실제 조사연도 기준임

"충분히 갖고 있다고 느끼는 사람이 부자다"

– 티베트 속담 –

F.I.N.A.N.C.E 재무

금융 · 자산 · 투자 · 자본 · 회계

한국 노인빈곤율 48.5%
OECD 국가 1위

OECD 회원국 중 노인빈곤율이 높은 5개국

(단위: %)

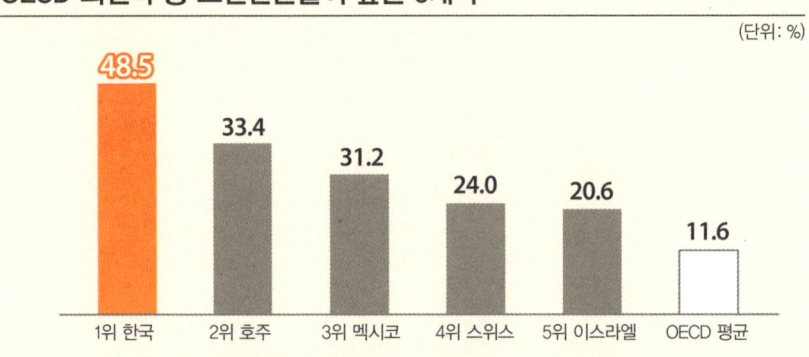

48.5
33.4
31.2
24.0
20.6
11.6

1위 한국　2위 호주　3위 멕시코　4위 스위스　5위 이스라엘　OECD 평균

※ 노인빈곤율 : 65세 이상 가구 중 소득이 중위가구(전체 가구를 소득순으로 나열할 때 중간에
　　위치하는 가구) 소득의 절반 미만인 가구의 비율

(자료: OECD, 한국 · 호주 · 멕시코(2012), 스위스 · 이스라엘 · OECD 평균(2011)

우리나라의 연령대별 은퇴준비격차

(단위: %, %p)

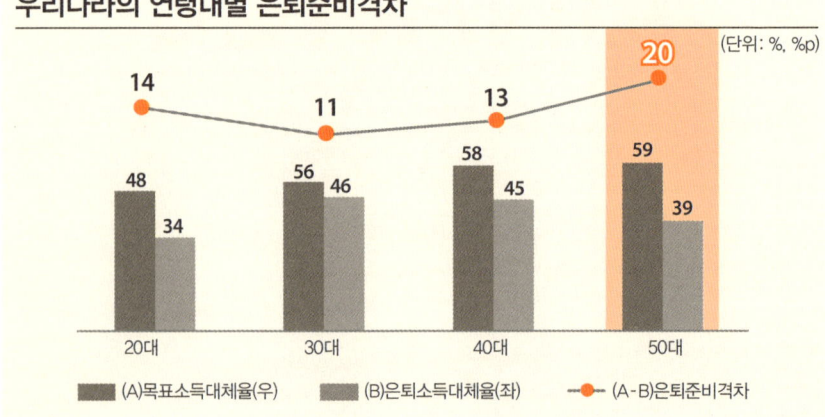

14
11
13
20

48　34
56　46
58　45
59　39

20대　30대　40대　50대

■ (A)목표소득대체율(우)　■ (B)은퇴소득대체율(좌)　●— (A-B)은퇴준비격차

(자료: 피델리티자산운용, 2013 은퇴백서 Vol.6)

실버푸어(Silver Poor), 노후가 두렵다

무역회사 부장이었던 임 모(56)씨는 5년 전 서울의 한 아파트를 구입했다. 그러나 이 때 3억원을 무리하게 대출받았다가 퇴직하면서 채무불이행 상태에 놓여 결국 개인워크아웃을 신청했다. 순식간에 실버푸어로 전락한 우리나라 중장년층의 한 단면이다.

소득 양극화의 그림자는 노후 준비에서도 짙게 드리워지고 있다. 세계 최고 속도의 고령화, 준비되지 않은 궁핍한 노후를 뜻하는 실버푸어(Silver Poor)가 현실로 다가왔다. 우리나라의 65세 이상 노인빈곤율은 48.5%로 2006년부터 OECD 최고 수준이다. 노인 인구의 절반 정도가 가난에 시달리고 있다는 뜻이다. 2위 호주의 33.4%, 3위 멕시코의 31.2%와도 격차가 크고, OECD 평균인 11.6%에 비해 무려 4.2배 높다.

이러한 노인빈곤은 결코 남의 이야기가 아니다. World Bank가 권장하는 노후 소득대체율은 은퇴 전 소득의 70~80%지만, 우리나라는 42% 수준에 머무르기 때문이다. 또 피델리티자산운용의 조사에 따르면 은퇴를 코앞에 둔 50대의 응답에서 목표소득과 실제소득(예상)의 차이가 20%p로 가장 크게 나타났다. 즉 이들이 몇 년 후 은퇴하고 나면 본인의 예상보다 빈곤하게 살 확률이 매우 높다는 것이다.

알아두면 유익한 정보마당

소득대체율

은퇴 후의 소득이 은퇴 이전의 근로기간 평균 소득에 비해 어느 수준인가를 나타내는 비율이다. 그러나 생애평균소득을 정확히 계산하기 어려워 일반적으로 목표한 은퇴생활비 대비 실제 준비된 소득의 비율을 사용하기도 한다.

소득대체율, OECD 주요국과의 비교

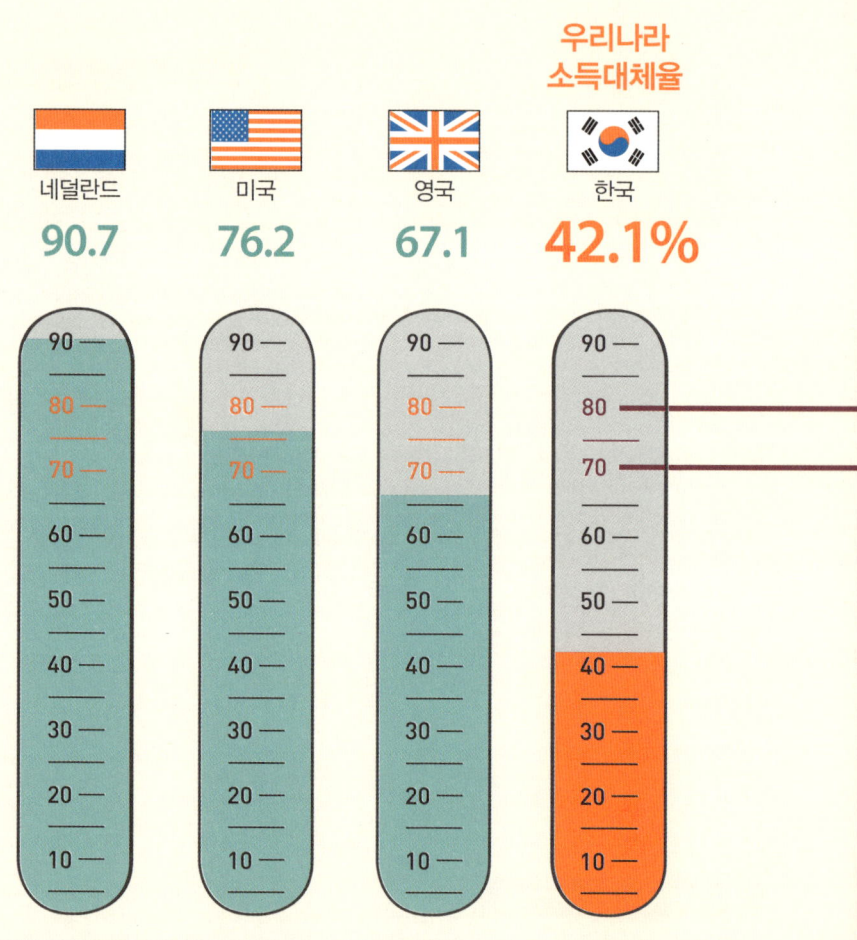

우리나라
소득대체율

네덜란드	미국	영국	한국
90.7	76.2	67.1	42.1%

※주: 소득대체율이란 은퇴 후의 연금 소득이 은퇴 이전의 근로기간
    평균 소득에 비해 어느 수준인가를 나타내는 비율

(자료: OECD, Pensions at a Glance 2013)

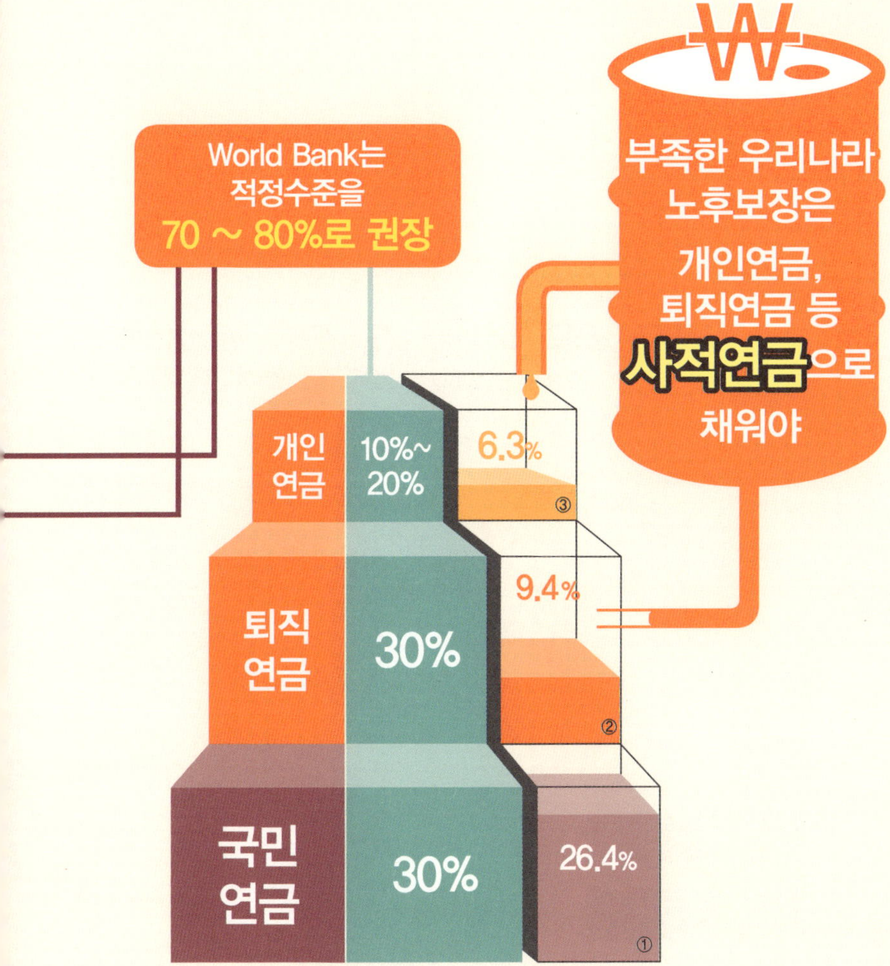

World Bank는
적정수준을
70 ~ 80%로 권장

부족한 우리나라
노후보장은

개인연금,
퇴직연금 등
사적연금으로
채워야

개인 연금	10%~ 20%	6.3% ③
퇴직 연금	30%	9.4% ②
국민 연금	30%	26.4% ①

(자료: ①, ② 국민연금연구원, 2010 ③ 보험연구원)

건강상태는 양호,
노후소득은 최하위

세계 주요국 노후복지 수준

[종합순위]	[국가]	[소득]		[건강]		[고용&교육]	
		순위	점수	순위	점수	순위	점수
1위	스웨덴	8위	87.0	7위	74.8	5위	74.3
2위	노르웨이	3위	91.4	13위	73.5	1위	85.4
...	...	...	...	...	...	...	...
66위	우크라이나	39위	75.3	77위	31.8	35위	48.7
67위	한국	90위	8.7	8위	74.5	19위	56.3

(자료: UN 산하단체 Help Age International, 2013)

노인복지 상위국가

(자료: UN 산하단체 Help Age International, 2013)

폐지 줍는 노인! 우리나라에 왜 많을까?

혼자 사는 75세 김 모 할머니는 불편한 다리를 끌며 온종일 폐지를 줍느라 하루하루가 힘겹다. 새벽에는 재래시장, 오후에는 근처 상가를 돌며 폐지를 줍는 것이 하루 일과의 대부분이다. 그러나 한 달 내내 모은 폐지를 팔아 얻은 수입은 10여만원이 전부다. 매달 김 할머니의 통장으로 들어오는 기초연금을 합해도 월세 내고 입에 풀칠하고 살기 빠듯하다.

UN 산하단체 Help Age International의 조사결과에 따르면, 우리나라의 노후생활 수준은 전체 90여 개 나라 중 67위에 그쳤다. 우리나라보다 더 낮은 경제수준을 가지고 있는 세르비아(64위), 남아프리카공화국(65위), 우크라이나(66위)보다 더 낮은 순위다. 특히 고령자들의 건강상태는 8위로 매우 좋은데 비해, 소득수준은 90위로 최하위권인 것이 큰 영향을 주었다. 즉 우리나라 고령자들은 건강한 데 비해 소득은 매우 낮아 고된 노후생활을 보낼 수밖에 없는 것이다.

알아두면 유익한 정보마당

복지천국 스웨덴이 주는 교훈

Help Age International 보고서에 따르면 소득 안정성, 건강보건상태, 직업과 교육, 환경 조성의 네 가지 항목에서 모두 높은 점수를 받은 국가들이 상위를 차지했다. 1위는 북유럽의 스웨덴이었다. 평균 기대수명이 81세에 이르고 시행 100주년을 맞은 국민연금 등 탄탄한 사회보장제도 등을 바탕으로 여러 분야에서 고르게 높은 점수를 얻었다. 스웨덴 노인복지의 핵심은 바로 옆 사람이 행복하지 않으면 내가 행복할 수 없다는 것, 즉 '모두가 함께 행복해야 한다'는 것이다.

워커홀릭 코리아,
연간 근로시간
2,163시간으로 세계 2위

주요국 연간 근로시간

(단위: 시간)

멕시코	한국	그리스	칠레	러시아	미국	OECD 평균	일본
2,237	2,163	2,037	2,015	1,980	1,788	1,770	1,735
1위	2위	3위	4위	5위	12위		17위

(자료: OECD 통계, 2012)

세계 주요국 노후 소득 순위

대륙	아시아				북미·남미			유럽			
주요국가	일본	중국	인도	한국	미국	캐나다	브라질	스웨덴	독일	영국	프랑스
순위	27	66	83	90	36	26	12	8	9	10	2

※ 세계 91개국 대상으로 조사 및 배점한 결과

(자료: UN 산하단체 Help Age International, 2013)

너무 많이 일하는 한국인, 노후 허탈감의 원인될 수도

'개미와 베짱이', '새벽종이 울렸네, 새 아침이 밝았네' 같은 이야기나 노래 가사에는 공통적으로 일을 열심히, 많이 해야만 성공한다는 인식이 깔려 있다. 물론 '한강의 기적'과 같은 1970~80년대 고도성장이 이러한 인식의 기반에서 나온 것도 사실이다. 그래서인지 우리나라 사람들의 업무시간은 세계적으로 최고 수준이다. 최근 OECD 조사에 따르면 한국 근로자의 연평균 근로시간은 2,163시간으로, 멕시코에 이어 세계 2위이다. OECD 평균 근로시간 1,770시간보다 약 400시간 더 일하는 셈이다.

그런데 많이 일한 만큼 노후준비도 잘 되어 있을까? 아쉽게도 노후 소득 수준은 최하위 수준이었다. UN 산하단체인 Help Age International 보고서에 따르면, 한국의 노후 소득은 조사대상 91개국 중 90위로, 노후를 위한 소득이 거의 준비되지 않았다고 평가됐다. 특히 노후 빈곤율이 높아 소득 불평등이 큰 것이 가장 주된 원인으로 꼽혔다.

근로기간에 일을 열심히 하는 것은 높은 성과와 보람을 기대할 수 있지만, 그 대가가 빈곤한 노후라면 허탈하고 괴로울 것이다. 열심히 일한 대가를 당장 써 버리기보다는, 일정 부분이라도 길어진 노후를 위해 저축하는 지혜가 필요하다.

알아두면 유익한 정보마당

한국인은 워커홀릭(Workaholics)

열심히 일하는 한국인에 대한 인식은 2013년 해외 유명 만화사이트에서 발표한 나라별 대표 단어가 기재된 세계지도에서도 알 수 있다. 'What Each Country Leads The World In' 이라는 제목의 세계지도 속 한국에는 '워커홀릭(Workaholics, 일 중독자)'이라는 단어가 적혀 있다. 업무나 야근이 많다고 여겨지는 일본은 '로봇', 미국은 '노벨상 수상자와 잔디 깎기 기계에 의한 사망' 등 다른 단어로 대표됐다.

여성노인가구 56.8%
월 99만원 이하로 생활

가구주 성별 월소득 비율

(단위: %)

여자노인가구

7.3 3.6 2.1
8.5

99만원 이하
56.8

21.7

남자노인가구

6.1 3.7 1.9
10.3

99만원 이하
40.1

37.9

■ 100~199만원　■ 200~299만원　■ 300~399만원　■ 400~499만원　■ 500만원 이상

(자료: 여성정책연구원, 2012)

여성노인의 주요 노후생활비 마련 방법

(단위: %)

여자 기대수명 **85세**

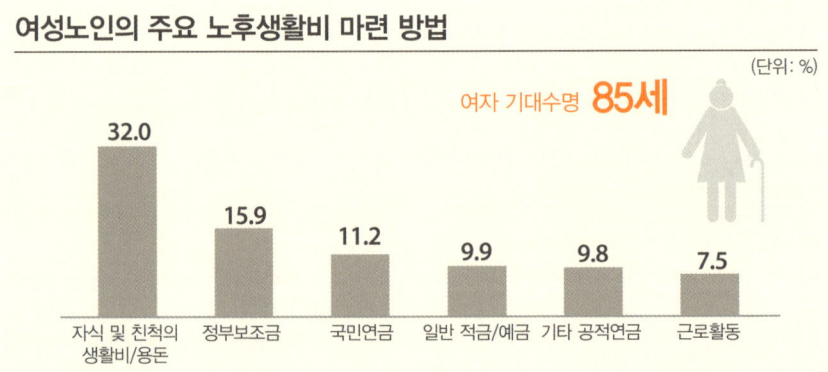

자식 및 친척의 생활비/용돈	정부보조금	국민연금	일반 적금/예금	기타 공적연금	근로활동
32.0	15.9	11.2	9.9	9.8	7.5

(자료: 국민연금공단, 2011)

홀로 된 여성의 노후가 위험하다

작은 임대아파트에 홀로 사는 방 모(72) 할머니의 가장 큰 걱정은 생활비다. 그나마 아들이 가끔씩 보내주는 용돈으로 살고 있지만 넉넉지 못한 자식에게 신세지는 것 또한 부담스럽다. 간간이 있던 일거리마저 끊긴 지 오래여서 어떻게 살아갈지 막막하다.

우리나라의 여성노인가구가 남성노인가구보다 빈곤에 더 취약한 것으로 나타났다. 여성정책연구원 조사에 따르면 월 99만원 이하 소득가구의 비중이 여성노인가구 56.8%, 남성노인가구 40.1%로 큰 격차를 보였다. 이는 여성노인가구 과반수 이상이 빈곤한 생활을 하고 있는 현실을 여실히 보여주고 있는 것이다.

우스갯소리로 여성은 '화싱', '돌싱', '언싱' 이란 말이 있다. 결혼 전에는 혼자여도 당당한 '화려한 싱글'이었고, 결혼 후에는 이혼 등 이런 저런 이유로 '돌아온 싱글'이 늘어 나는데, 결국엔 배우자 사망으로 모두 '언젠가 싱글'이 될 거란 얘기다. 의학기술의 발달과 건강에 대한 개개인의 자기관리까지 더해지면서 여성의 평균 기대수명 85세라는 훌륭한 장수 성적표를 받았지만, 우리나라 여성들의 노후준비는 남성에 비해 훨씬 취약하며, 준비가 덜 된 것으로 조사되고 있다. 나이 들어서도 우아하고 고상한 '화려한 싱글'이 될 수 있도록 미리 노후를 준비해야 한다.

알아두면 유익한 정보마당

아내를 위한 '아.바.타.(아내가 바로 타는) 연금'

65세 이상 여성의 빈곤율은 OECD 국가 중 1위로, 주된 이유는 결혼 기피, 이혼 증가 및 평균수명 연장 때문으로 분석되었다. 특히 우리나라 여성의 평균 수명은 남성보다 평균 7년 긴 데 비해 남편보다 3살 정도 어리기 때문에, 평균 10년은 아내 혼자서 산다는 계산이 나온다. 따라서 아내를 위해 개인연금 가입시 아내를 피보험자로 가입하면 연금을 10년은 더 받을 수 있다.

노후 생활비는 스스로 준비해야 51.6%

노후 생활비 마련 방법(65세 이상)

(단위: %)

본인 및 배우자 부담
51.6

자녀 또는 친척 지원
39.2

9.1 정부 및 사회 단체

0.1 기타

(자료: 통계청, 2011)

노후생활 본인 책임 인식조사(65세 이상)

(단위: %)

한국	미국	독일	영국	일본	프랑스
53.0	46.0	41.0	39.0	27.0	23.0

(자료: 미국 Pew Research, 2013)

노후 경제적 독립이 부모의 역할!

다섯이나 되는 자녀들을 훌륭하게 키워낸 윤 모(72)씨. 친구들에게 자식자랑을 하는 것이 작은 낙이다. 친구 김씨는 "그렇게 금이야 옥이야 키웠으니 자식 덕에 노후 걱정은 안 하겠구먼! 부럽네"하며 농담을 했지만 윤씨의 생각은 달랐다. 남들이 보면 답답할 수도 있겠지만, 남은 인생은 자신과 아내 둘이서 자식에게 손 안 벌리고 살아갈 계획이다.

노후에 대한 책임은 누가 질 것인가? 통계청에 따르면 고령자의 생활비 마련은 '자녀 또는 친척(39.2%)' 및 '정부(9.1%)'보다 '본인(51.6%)'이 직접 한다고 응답했다. 미국의 퓨 리서치센터가 세계 21개국의 전 연령층 대상으로 설문조사한 결과도 비슷하다. 우리나라는 '노후 생활은 본인 개인이 책임져야 한다'는 응답률이 유일하게 절반을 넘긴 53%로 나타나 노후에 대한 자기책임감이 가장 높은 것으로 나타났다.

젊어서는 자식을 위해 모든 것을 희생하고, 늙어서는 스스로 삶을 책임져야 하는 우리나라 중·장년층의 슬픈 현실이다. 특히 사회적 복지수준이 선진국에 비해 낮은 데다 국민연금과 같은 공적연금에 노후를 온전히 맡길 수 없다는 데 따른 위기의식도 담겨 있는 것으로 보인다. 이제 노후는 '어떻게든 되겠지'가 아닌 '지금부터 스스로 준비해야' 한다.

알아두면 유익한 정보마당

중국에서 불효는 불법

효도는 스스로 하는 것이지 누가 시키는 것이 아니다? 중국에서는 효도가 법으로 지정되어 있다. 2013년 기준 60세 이상 노인인구만 2억 명을 넘는 중국의 노인 봉양 문제가 그만큼 심각한 모양이다. 2013년 7월부터 시행된 '노인 인권·권익 보호법' 개정안에 따르면, 자식들이 부모를 오랫동안 방문하지 않을 경우 법률 위반 행위로 처벌받고 노인을 괄시하거나 냉대하는 행위도 금지된다. 법으로 효도를 강제하니 노후 걱정을 일부나마 줄일 수 있다고 생각할 수 있지만, 한편으로는 그만큼 국가와 사회가 노인 문제를 해결하기 어렵고 자녀들이 부모를 봉양하지 않으려는 세태를 반증한다고 볼 수 있다.

노인가구 월 평균 소비지출 중 의료비 15.3%

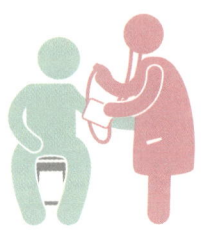

가구 특성별 월간 소비지출 구성

(단위: %)

	식료품	교육비	주거비	교통비	통신비	의료비	기타
전체 가구	27.1	14.6	13.0	12.0	7.8	6.3	19.3
65세 이상 가구	33.3		19.4	6.9	4.2	15.3	20.8

■ 식료품 ■ 교육비 ■ 주거비 ■ 교통비 ■ 통신비 ■ 의료비 ■ 기타

(자료: 통계청 가계금융 · 복지조사 2013)

가구 특성별 월 평균 지출금액

(단위: 만원)

■ 소비지출 ■ 비소비지출

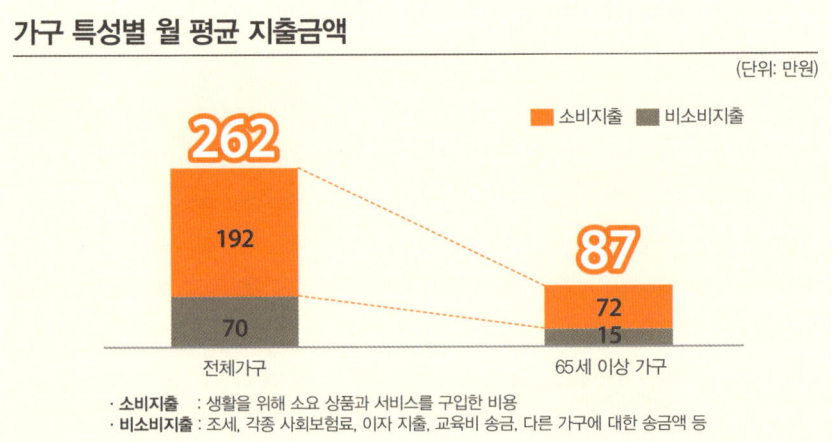

262

192

70

전체가구

87

72

15

65세 이상 가구

· **소비지출** : 생활을 위해 소요 상품과 서비스를 구입한 비용
· **비소비지출** : 조세, 각종 사회보험료, 이자 지출, 교육비 송금, 다른 가구에 대한 송금액 등

(자료: 통계청, 가계금융 · 복지조사, 2013)

나에게 맞는 노후생활비는 어느 정도일까

성격 급하기로 소문난 최 모(54)씨는 한 재테크 세미나에 참석해 은퇴 전문가에게 대뜸 "노후 준비에 필요한 돈이 대체 얼마입니까?"라고 물었다. 전문가는 그런 최씨에게 "노후 준비를 위해 상담을 하러 온 분들 대다수가 비슷한 질문을 한다"며 "정답은 없다"고 말했다. 언론에서는 7억이니 10억이니 하며 거액의 노후자금이 필요하다는데, 먼저 짚어봐야 할 부분은 바로 매월 노후생활에 쓰이는 지출금액이다. 한 달 지출비용에 따라 평균수명까지 필요한 전체 노후자금액이 크게 달라지기 때문이다.

노후생활비를 계산할 때는 은퇴 전후 가구지출의 양상이 달라지는 것에 주의해야 한다. 특히 고령자 가구의 소비지출 중 의료비 비중이 커지는 것에 주목할 필요가 있다. 통계청에 따르면 2013년 전체가구 소비지출 중 의료비 비중은 6.3%지만, 65세 이상 고령자가구는 이보다 두 배 이상 높은 15.3%로 크게 늘어났다. 자녀의 독립으로 교육비가 줄어드는 대신 나이가 들면서 건강에 적신호가 켜지고, 그에 따라 의료비가 크게 늘어나는 것을 대비해야 하는 것이다.

한편 일반 가구의 월 평균 전체지출이 262만원인데 비해, 고령자 가구는 87만원으로 약 1/3 수준인 것으로 나타났다. 단, 이는 노후 준비가 부족한 현 고령자 가구의 지출을 모두 포함한 값으로, 향후 넉넉한 노후를 보내기 위한 금액과는 차이가 있음을 유의할 필요가 있다.

알아두면 유익한 정보마당

사는 곳에 따라 노후생활비 달라진다

노후생활비를 계산하기 위해 전국 평균치를 참고해도 좋지만, 실제로는 다양한 이유로 개별 가구의 생활비는 큰 차이가 나기 마련이다. 특히 거주지역에 따라 주택관련 비용을 중심으로 필요 생활비 수준이 달라지는데, 국민연금공단(2014) 자료에 따르면 부부 기준 서울은 월 205만원이 적정 노후생활비였으나, 광역시는 184만원, 그 외 도는 177만원으로 차이를 보였다.

고령자 금융자산 17.3%뿐
노후 유동성이 부족하다

연령대별 가계 총자산 및 금융자산 비중

(단위: 만원, %)

자산(좌)　　금융자산비중 (우)

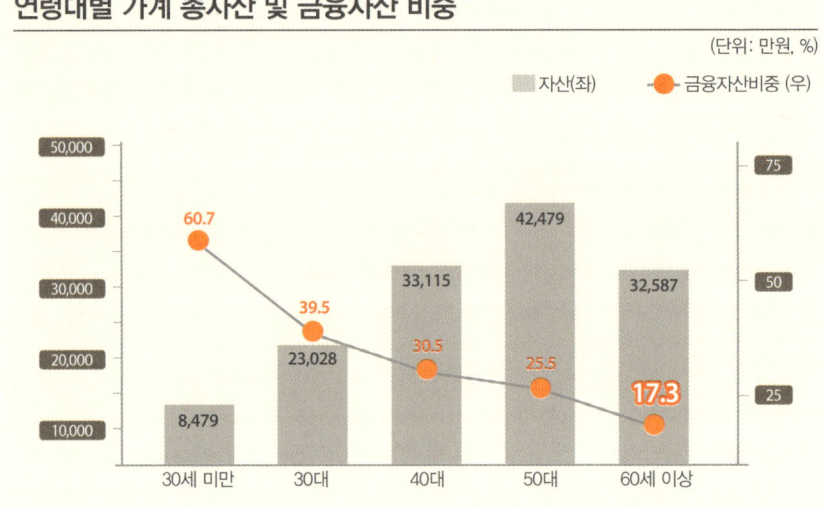

(자료: 통계청 '가계금융 · 복지조사', 2013.03 기준)

국가별 가계자산 중 금융자산 비율

(단위: %)

한국	프랑스	호주	캐나다	일본	미국	네덜란드
34	36	39	57	60	70	71

(자료: 은행 · 통계청 '국민대차대조표', 2012.12 기준)

은퇴준비, 자산 확보뿐 아니라 유동성 필요

정년 퇴직한 방 모(61)씨. 수도권에 위치한 30평형대 집과 부모님께 받은 땅으로 여유 있는 노후를 확신했다. 그랬던 그가 금융회사에 노후 자금상담을 하러 온 것은 은퇴한 지 얼마 되지 않은 때였다. "재산은 충분하다고 생각했는데, 은퇴하고 나니 생활이 생각보다 윤택하지 않았습니다. 국민연금과 퇴직연금으로 기본 생활비는 사용하지만, 애들 결혼도 시켜야 하고 갑작스러운 지출에 대응이 쉽지 않네요"라는 것이 그의 하소연이다.

60대 이상 고령층은 자산에 비해 금융자산 비중이 매우 낮다. 통계청에 따르면 60세 이상 고령자의 평균 자산은 3.3억원으로 다른 연령대에 비해 높은 수준이지만, 금융자산의 비중은 이 중 17.3%인 6천만원에 불과했다. 연령대가 상승함에 따라 금융자산 비중은 급격히 줄어드는데 이는 내 집 구매 등 부동산 자산의 증가가 큰 이유지만, 유동성이 부족할 수 있다. 다른 선진국과 비교해서도 우리나라의 금융자산 비중은 낮은 편이다.

일반적으로 은퇴 후에는 정기적인 근로소득이 끊기는데, 유동성이 있는 금융자산이 적으면 급전이 필요한 경우 대응이 어렵다는 위험이 있다. 현금 확보를 위해 부동산 등 비금융 자산을 급히 처분할 경우 손해를 볼 수도 있다. 같은 금액의 자산이라도 노후 생활을 위해 적극적으로 유동성을 확보할 필요가 있다.

알아두면 유익한 정보마당

노후 흑자도산 방지법

금융자산이 적은 우리나라 가구, 노후 유동성이 부족하면 흑자도산 위험이 있다. 흑자도산이란 장부상 자산은 분명 흑자인데, 현금 부족으로 긴급한 자금에 대응하기 어려운 상태를 말한다. 이러한 흑자도산을 피하기 위해 미리 적극적으로 자산구조를 바꾸어야 한다.
1) **부동산 등 비금융자산 활용** : 주택연금 가입 또는 작은 주택으로 이사하는 '은퇴 이주'를 통해 현금 확보
2) **금융자산의 연금화** : 즉시연금 가입, 월지급식 상품 투자, 퇴직금 연금 수령 방식 선택 등

전체 학생 1인당 사교육비
월 평균 24만원

사교육비 추이

(단위: 원)

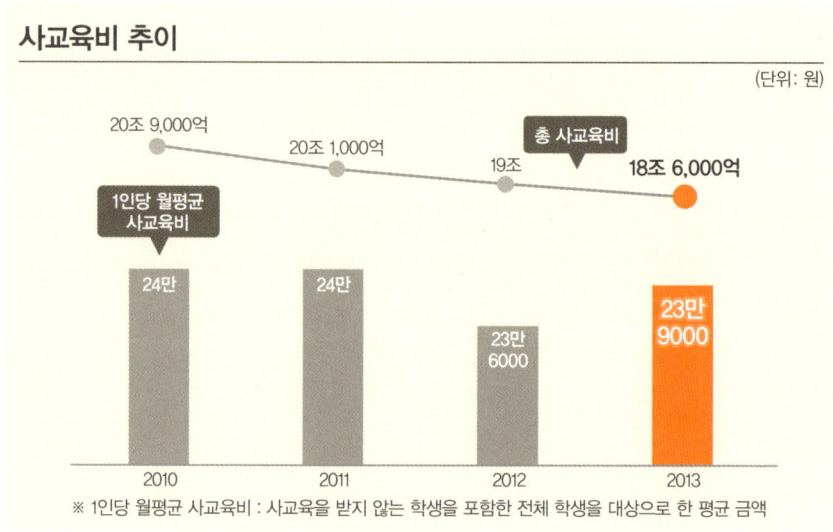

20조 9,000억
20조 1,000억
총 사교육비
19조
18조 6,000억

1인당 월평균
사교육비

24만
24만
23만
6000
23만
9000

2010   2011   2012   2013

※ 1인당 월평균 사교육비 : 사교육을 받지 않는 학생을 포함한 전체 학생을 대상으로 한 평균 금액

실제 사교육 참여학생 평균 사교육비

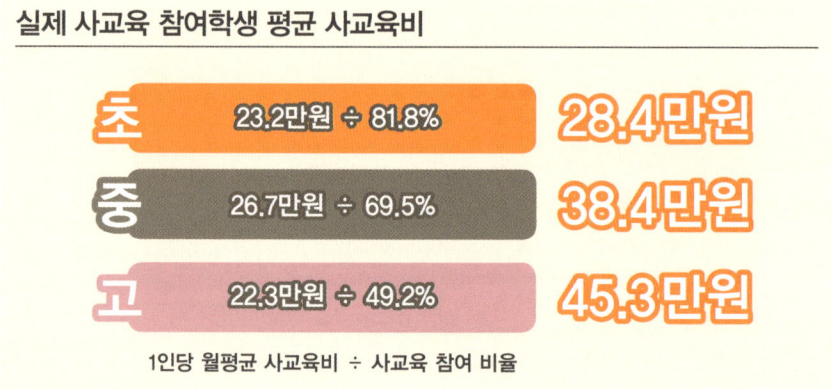

초   23.2만원 ÷ 81.8%   28.4만원
중   26.7만원 ÷ 69.5%   38.4만원
고   22.3만원 ÷ 49.2%   45.3만원

1인당 월평균 사교육비 ÷ 사교육 참여 비율

(자료: 통계청, 2013)

자녀의 과도한 사교육비에 부모 노후 멍든다

고등학교 1학년과 중학교 2학년 자녀 둘을 둔 왕 모(46)씨는 늘어난 자녀들의 학원비를 감당할 수 없어 지난달부터 근처 대형마트에서 계산원으로 일하기 시작했다. 남편의 은퇴가 채 5년도 남지 않은 상태에서 대학까지 보낼 생각을 하니 한숨이 절로 나오지만, 자녀의 장래를 생각하면 이것저것 가릴 처지가 아니다. 공부시키는 것부터가 자녀의 경쟁력이고 부모의 능력으로 평가 받는 시대다. 한 과목당 학원비가 30~40만원은 족히 들어가니 노후 준비는커녕 당장 가계살림도 마이너스다. 심지어 고액과외나 해외유학 등으로 무리하게 사교육비를 지출하는 가정도 주위에서 심심치 않게 찾아볼 수 있다.

2013년 우리나라 전체 사교육비는 18.6조원으로 전년에 비해 소폭 감소했다. 그러나 자세히 들여다 보면, 학생 수가 줄었기 때문에 총액이 감소했을 뿐 학생 1인당 사교육비는 오히려 늘어났다. 사교육을 받지 않은 학생까지 포함한 1인당 월 평균 사교육비는 24만원에 육박했으며, 참여 학생만 놓고 보면 고등학생의 경우 월 45만원에 달했다. 자식 문제만큼은 가히 맹목적인 우리나라 교육열을 감안하면, 과도한 사교육비 지출은 노후자금 부족으로 이어질 수밖에 없다. 현실적으로 자녀 교육비의 경우 가치관의 문제가 얽혀 있어 줄이기 쉽지 않지만, 현명하게 균형을 잡을 필요가 있다.

알아두면 유익한 정보마당

자식 뒷바라지가 먼저 vs 내 노후자금이 먼저

한 TV 예능프로그램에서 '자식의 뒷바라지가 먼저인가, 내 노후자금이 먼저인가'를 다룬 적이 있다. 출연진의 투표결과 '내 노후자금이 먼저'라는 의견이 많았지만 '자식 뒷바라지가 먼저'라는 의견도 만만치 않았다. 자녀교육은 옳고 그름의 문제가 아닌 삶의 가치 문제가 아닐까?
'사교육비는 노후대비의 적', '자녀에게 투자하는 것은 마이너스 수익률'이라는 우스갯소리가 있다. 부모의 미래를 담보로 한 무한투자는 자녀의 참 미래를 위해서도, 부모의 행복한 노후를 위해서도 바람직하지 않다. 합리적 판단이 필요한 이유다.

자녀부양 부담, 1인당 4~5억원

자녀 1명 대학 졸업까지 총 양육비
(재수·휴학·어학연수 비용 제외)

총 **3억896**만원

대학교 (18~21세)
7,708만원

고등학교 (15~17세)
4,719만원

중학교 (12~14세)
4,122만원

초등학교 (6~11세)
7,596만원

유아기 (3~5세)
3,686만원

영아기 (0~2세)
3,063만원

(자료: 보건복지부, 2012)

자녀 결혼비용

결혼식, 신혼여행 등 결혼절차에
소요되는 1인 결혼비용만 5,198만원

신혼 부부 한 쌍당 주택 구매시 2.7억원,
전세마련시 1.5억원 추가지출

부모가 자녀의 결혼비용 평균 절반 지원

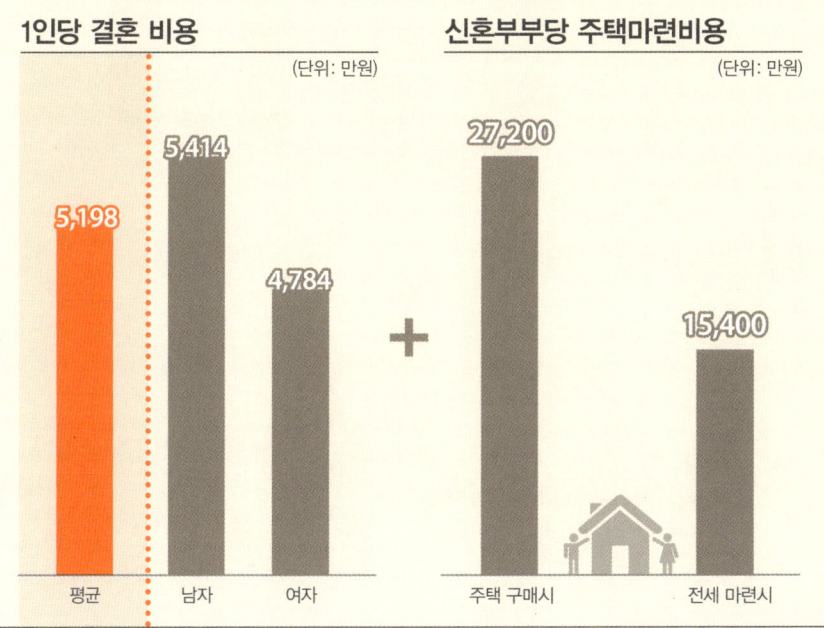

1인당 결혼 비용
(단위: 만원)

5,198
5,414
4,784

평균　남자　여자

신혼부부당 주택마련비용
(단위: 만원)

27,200
15,400

주택 구매시　전세 마련시

(자료: 한국소비자원, 2013)

50대 이상 25%
금융사기 당한 적 '있다'

연령대별 금융사기 경험 비율

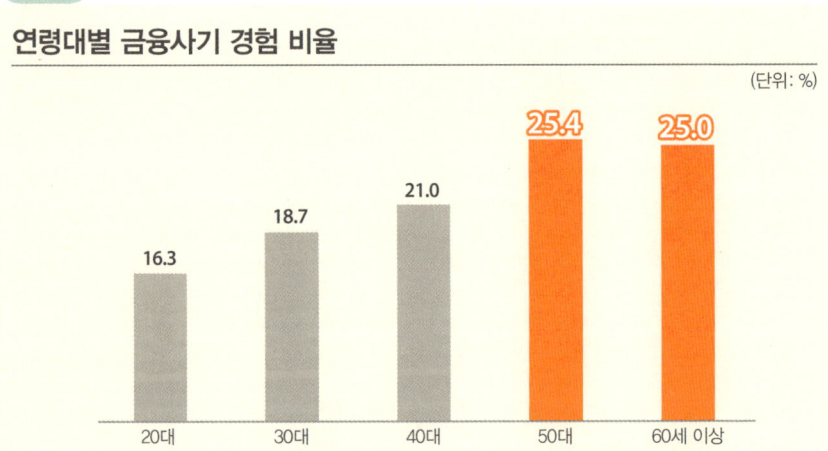

(단위: %)

- 20대 16.3
- 30대 18.7
- 40대 21.0
- 50대 25.4
- 60세 이상 25.0

금융사기 피해금액 규모

3,825만원 평균 피해금액 < 8,250만원 60대 피해금액

(자료: 투자자보호재단, 2012)

소중한 노후자금이 금융사기의 제 1 타겟!

평생 샐러리맨으로 살아온 양 모(62)씨. 그는 최근 퇴직금과 저축으로 모은 돈 전부를 잃었다. 중국과 합작해 추진 중인 컴퓨터 게임 사업에 지분을 투자하라는 금융사기꾼의 감언이설에 속아 넘어간 것이다.

노후자금을 노린 사기사건이 기승을 부리면서 은퇴자들의 불안감이 커지고 있다. 투자자보호재단의 2012년 설문조사결과, 전체 응답자의 21%가 금융사기와 관련된 경험이 있는 것으로 밝혀졌다. 특히, 50대와 60대 가운데 금융사기 관련 경험이 있다는 응답이 각각 25.4%, 25.0%로 나타나 20대에 비해 1.5배나 높은 것으로 조사됐다. 50~60대 넷 중 한 명이 금융사기의 대상이었던 셈이다. 피해금액의 규모 또한 고령자 대상 금융사기가 높았는데, 60대 피해자의 경우 평균 8,250만원으로 전체평균 3,825만원보다 2배 이상 높았다.

고령자들이 금융사기에 쉽게 넘어가는 주된 이유는 은퇴 후 안정적인 소득이 없는 상황에서 한정된 노후자금을 불리고 싶은 욕구 때문으로 분석된다. 과도한 욕심을 버리고 마지막 종자돈인 만큼 신중한 관리가 필요하다.

알아두면 유익한 정보마당

금융사기 피해 예방 십계명

1. 고수익은 고위험이 따른다
2. 믿는 사람이라도 계약서는 꼭 써라
3. 차용증도 무용지물인 경우 있다
4. 계약자와 직접 거래하자
5. 관련뉴스는 꼼꼼히 챙겨라
6. 현장 확인 후 계약하라
7. 위법의 소지가 있는 거래는 금물이다
8. 즉시 법적 조치방안을 강구하라
9. 거래시 실명, 주민번호 확인은 기본이다
10. 공신력 있는 기관을 활용하라

1950년대생 국민연금
월 평균 46만원 수령

1950년대 출생자의 국민연금 월 평균 수령 추정액

남자 평균
517,203원

여자 평균
348,440원

전체평균 462,481원

(자료: 국민연금연구원, 2012)

국민연금 가입기간별 노령연금 월 평균 수급액

(단위: 만원)

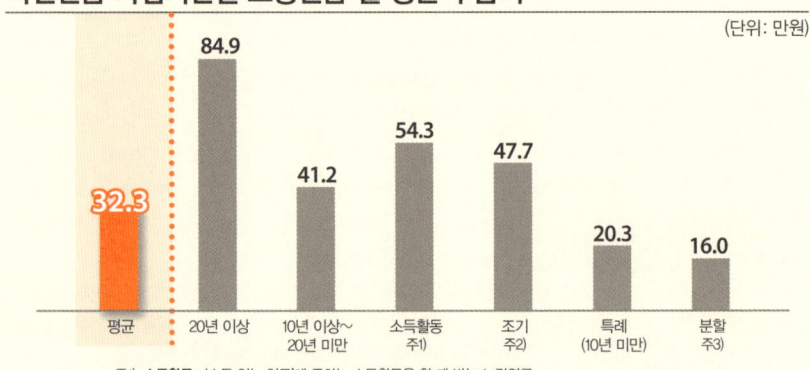

평균	20년 이상	10년 이상~20년 미만	소득활동 주1)	조기 주2)	특례 (10년 미만)	분할 주3)
32.3	84.9	41.2	54.3	47.7	20.3	16.0

주1) **소득활동** : '소득 있는 업무'에 준하는 소득활동을 할 때 받는 노령연금
주2) **조기노령연금** : 가입기간 10년 이상인 자가 소득이 없거나 '소득 있는 업무' 기준에 미달할 경우,
　　　　　　　　　　정상수급연령보다 최대 5년 먼저 연금을 수급할 수 있는 제도
주3) **분할연금** : 혼인기간 5년 이상인 자가 배우자와 이혼했을 경우, 상대배우자가 노령연금 수급권자이고
　　　　　　　　본인이 60세가 되면 상대배우자의 연금을 분할해 지급하는 제도

(자료: 국민연금공단, 2013.12 기준)

국민연금 만으로는 턱없이 부족한 노후 생활비

은퇴를 눈앞에 둔 나 모(57)씨는 고민이 이만저만 아니다. 그나마 주택구입 대출은 만기상환이 끝나 다행이지만, 당장 매월 들어가는 생활비를 버는 것조차 어려울 것 같다. 그나마 건강하면 단순한 아르바이트라도 해보겠지만, 여기저기 만성이 된 지병이 있어 이마저도 쉽지 않다. 이제 나 씨에게 희망은 가끔 자녀들이 주는 용돈과 국민연금이 유일하다. 나름대로 열심히 일해 온 대가가 노후걱정뿐이라니, 가진 것 없는 자신의 신세가 한심하기만 하다.

예비 은퇴자들에게 가장 궁금한 것 중 하나는 '과연 내가 받을 수 있는 국민연금은 어느 정도일까' 이다. 국민연금연구원에 따르면 은퇴 시기가 얼마 남지 않은 1950년대생 장년층의 국민연금 평균 수령액은 월 46만원 수준으로 추정됐다. 은퇴 후 소득을 대체하기에는 턱없이 부족한 금액이다. 일반적으로 20년 이상 국민연금을 납부하면 노후에 은퇴 전 평균 월 소득의 3분의 1 가량을 충당할 수 있다고 하지만, 실제 20년 이상 가입한 사람은 아직 많지 않다. 국민연금공단에 따르면 20년 이상 가입자는 평균 85만원, 10~20년 미만 가입자는 평균 41만원을 수령하는 것으로 나타났다.

알아두면 유익한 정보마당

국민연금 언제까지 내고, 언제부터 받아요?

국민연금은 만 18세 이상 만 60세 미만 국민이면 가입대상이 되고, 최소 가입기간 10년을 채운 후 수급 연령이 되었을 때 노령연금을 받을 수 있다. 국민연금 수급연령은 1952년생 이전은 만 60세지만 1953년 이후 출생자는 출생연도에 따라 만 61~65세부터 받을 수 있다.

국민연금 수급 개시연령

출생연도	수급 개시 연령
1952년 이전	60세
1953~1956년	61세
1957~1960년	62세
1961~1964년	63세
1965~1968년	64세
1969년 이후	65세

50대 근로자 평균 퇴직금 고작 1,600만원

연령별 평균 퇴직금(2012년)

(단위: 만원)

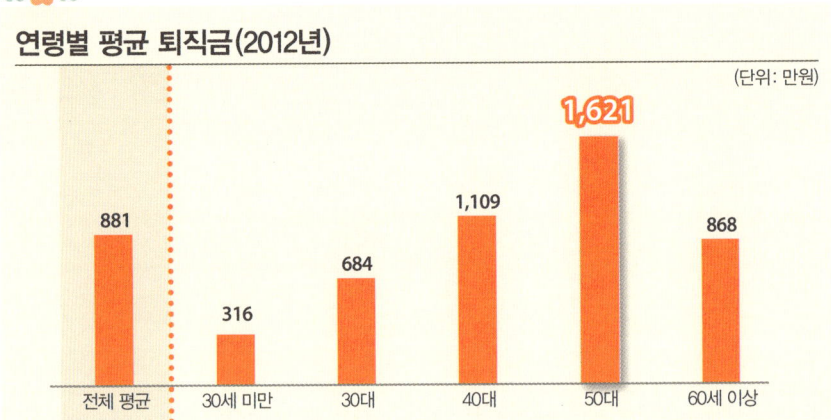

- 전체 평균: 881
- 30세 미만: 316
- 30대: 684
- 40대: 1,109
- 50대: 1,621
- 60세 이상: 868

(자료: 국세청, '퇴직소득 원천징수 신고현황' 2012)

퇴직금 규모별 현황(2012년)

(단위: %)

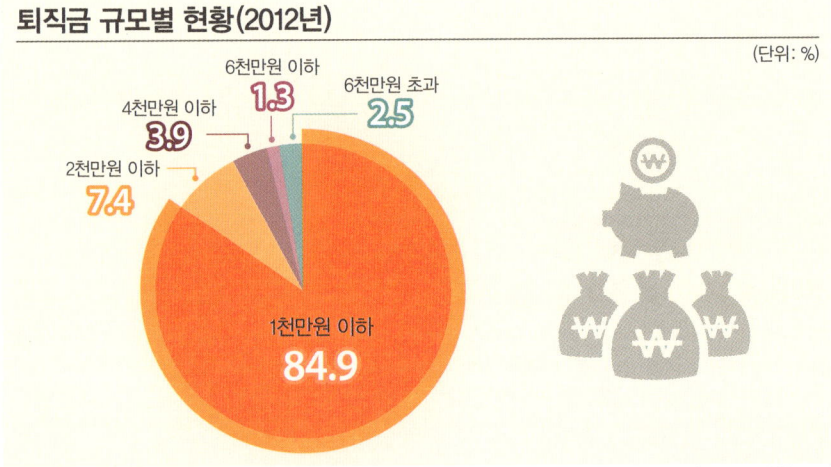

- 6천만원 이하: 1.3
- 4천만원 이하: 3.9
- 2천만원 이하: 7.4
- 6천만원 초과: 2.5
- 1천만원 이하: 84.9

(자료: 국세청, 2012)

퇴직금은 노후인생의 마지막 종자돈

25년을 근무하고 정년퇴직을 앞둔 50대 김 모씨. 그는 은퇴를 하면 퇴직금으로 작은 아이스크림 가게를 차리고 싶다는 소박한 꿈을 가지고 있었다. 그러나 현실의 벽은 높았다. 정작 중요한 종자돈인 퇴직금이 채 2천만원도 되지 않았다. 창업은커녕 생활비로도 몇 개월 밖엔 버티지 못할 돈이었다. IMF 외환위기 이후 짬짬이 중간정산을 몇 번 받은 것이 화근이었다.

국세청 자료에 따르면, 2012년에 직장을 그만둔 근로자 가운데 84.9%가 퇴직금 1,000만원 이하로 전체 평균은 881만원에 불과했다. 정년 퇴직자가 속한 50대 근로자의 퇴직금도 평균 1,600만원대 밖에 되지 않았다.

결국 퇴직금이 노후자금으로 역할을 하기 위해서는 당장 불편하더라도 중간정산을 받지 않는 것이 중요하며, 이직 시 자동 가입되는 IRP(개인형 퇴직연금)에서도 중도 인출은 최소한으로 줄여야 할 것이다. 목돈으로 받은 퇴직금은 남은 인생의 마지막 종자돈이다. 당장의 생계가 걱정돼 무리하게 사용하기보다 자신과 가족의 행복한 노후까지 고려할 수 있는 현명한 퇴직금관리가 필요하다.

알아두면 유익한 정보마당

퇴직금과 퇴직연금, 어떻게 다른가?

우리나라의 퇴직연금제도는 기업이 사내에 적립하던 퇴직금제도를 사외에 예치하도록 해, 근로자가 퇴직할 때 연금 또는 일시금으로 지급 받아 노후설계가 가능하도록 한 제도이다. 과거 퇴직금제도의 지급 불안정성과 은퇴 후 목돈의 조기 소진 위험 등에 따라 2005년 신설됐다. 근로자퇴직급여보장법에 따라 사업장의 사용자(사업주 등)는 근로자의 노후준비를 위해 퇴직급여제도인 퇴직금제도와 퇴직연금제도 중 하나 이상을 설정해야 하며, 만약 설정하지 않은 경우에는 퇴직금제도를 설정한 것으로 간주한다.

개인연금 가입률 15.7%

연령별 개인연금 가입률

(단위: %)

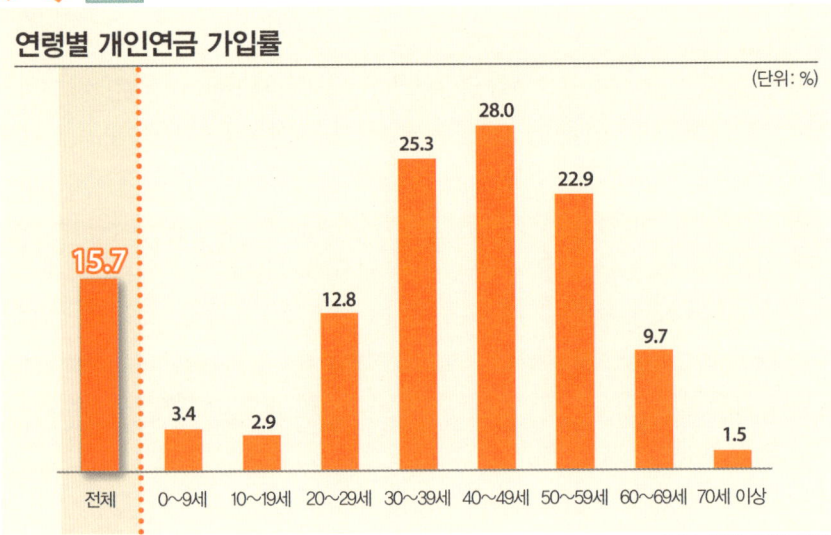

전체 15.7
0~9세 3.4
10~19세 2.9
20~29세 12.8
30~39세 25.3
40~49세 28.0
50~59세 22.9
60~69세 9.7
70세 이상 1.5

(자료: 보험개발원, 2012)

개인연금 경과연도별 계약 유지율

(단위: %)
* 적격개인연금인 연금저축만을 대상으로 조사

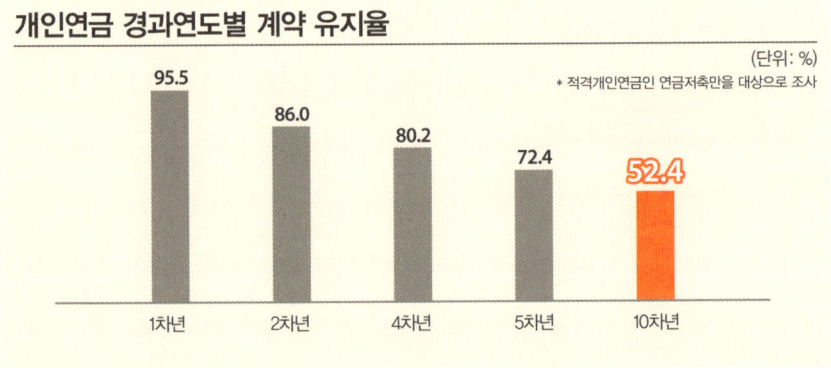

1차년 95.5
2차년 86.0
4차년 80.2
5차년 72.4
10차년 52.4

(자료: 금융감독원, 2013)

60세 이상 가입률은 5.7%로 더 낮아… 노후준비 비상

중견 건설회사에 다니는 신 모(53) 부장은 가까이 다가온 은퇴를 체감하고 있다. 친한 선배 동료들이 하나둘 회사를 떠나고 있기 때문이다. 입사하던 때가 엊그제 같은데 현실로 다가온 퇴직이 남의 일 같지 않다. 노후가 부족하다느니 3층 보장을 해야 한다느니 이런 말을 들을 때면 예전에 개인연금 하나 가입하지 못한 것이 후회스럽기만 하다.

보험개발원의 '2012년 개인연금 가입현황 분석' 자료에 따르면 우리나라 국민의 개인연금 평균 가입률은 15.7%이며, 약 800만 명이 가입하고 있다. 그러나 연령대별로 살펴보면 60대 9.7%, 70세 이상 가입률은 1.5%로, 40대 이후 고령자일수록 가입률이 낮았다. 또한 계약유지율은 시간이 경과될수록 급격히 하락해, 가입 후 10차년에는 절반 수준인 52.4%만 유지하고 있었다. 실질적인 노후장기자금으로서 활용이 잘 되지 않는다고 볼 수 있다.

국민연금과 퇴직연금만으로는 노후 생활비가 충분하지 않을 수 있다. 경제활동이 활발한 소득기에 개인연금에 가입하고 만기까지 유지함으로써, 여유 있는 노후 연금생활을 즐길 수 있는 현명한 인내가 필요하다.

알아두면 유익한 정보마당

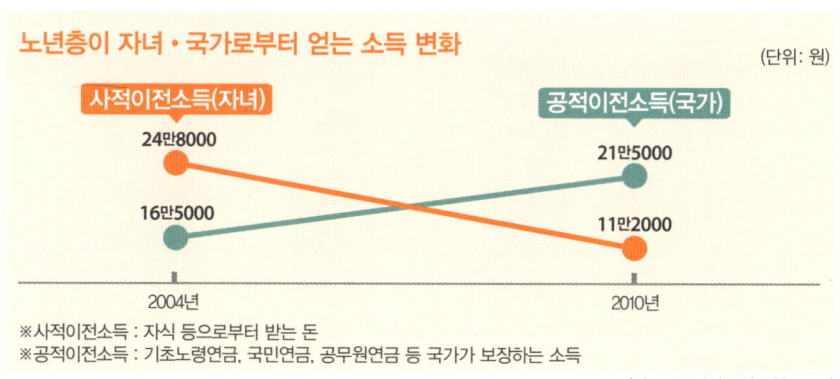

노년층이 자녀·국가로부터 얻는 소득 변화   (단위: 원)

사적이전소득(자녀)   공적이전소득(국가)

24만8000   21만5000

16만5000   11만2000

2004년   2010년

※사적이전소득 : 자식 등으로부터 받는 돈
※공적이전소득 : 기초노령연금, 국민연금, 공무원연금 등 국가가 보장하는 소득

(자료: 국민연금연구원, 2010)

개인연금 해지경험 40%
고령층일수록
긴급자금으로 소진

개인연금상품

(단위: %)

가입 및 해지비율   해지경험

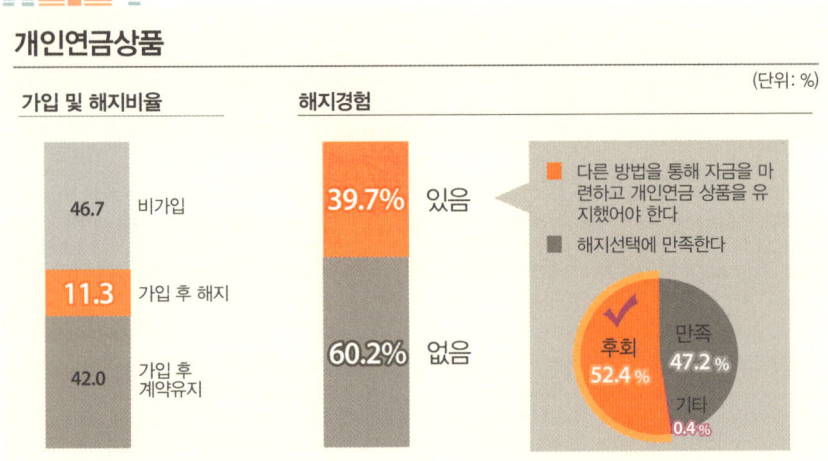

46.7	비가입
11.3	가입 후 해지
42.0	가입 후 계약유지

39.7% 있음

60.2% 없음

■ 다른 방법을 통해 자금을 마련하고 개인연금 상품을 유지했어야 한다
■ 해지선택에 만족한다

후회 52.4%   만족 47.2%   기타 0.4%

연령대별 주된 해지사유

(단위: %, 복수응답)

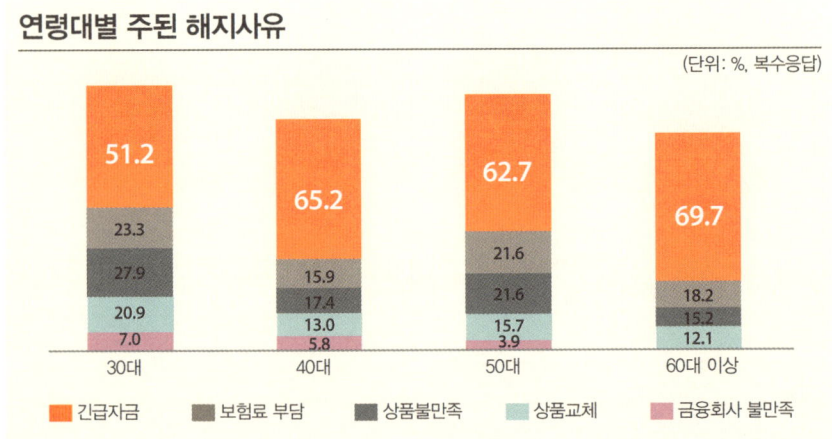

30대	40대	50대	60대 이상
51.2	65.2	62.7	69.7
23.3	15.9	21.6	18.2
27.9	17.4	21.6	15.2
20.9	13.0	15.7	12.1
7.0	5.8	3.9	

■ 긴급자금 ■ 보험료 부담 ■ 상품불만족 ■ 상품교체 ■ 금융회사 불만족

(자료: 하나금융경영연구소, 2013)

노후를 위한 인내! 개인연금 가입보다 유지가 중요

은퇴 준비가 나름 잘 됐다고 자부하는 정 모(56)씨. 지난 주 오랜만에 친구를 만나 술잔을 기울였다. 예전보다 얼굴이 수척해진 친구는 답답한 속내를 털어놓았다. 그는 "회사를 나와서는 기댈 곳이 없어. 퇴직금도 찔끔 찔끔 다 썼는데 어떻게 살지 막막하다"며 하소연했다. 개인연금 하나 가입해 두지 않고 뭐했냐고 물었더니, 10년 전쯤 해약했다는 것이다.

고령화에 따라 국민연금은 수급시기가 늦춰지거나 수급액이 줄어들고 있고, 퇴직금은 중간정산 또는 이직, 전직 등으로 인해 퇴직 전 거의 소진해 버리고 있어 노후보장을 기대하기 힘들다. 따라서 부족한 노후준비는 개인연금으로 보완할 수밖에 없다.

개인연금은 가입하는 것보다 유지하는 것이 더욱 중요하다. 하나금융경영연구소의 조사에 따르면 설문대상의 약 42%는 개인연금계약을 유지하고 있지만 11%는 가입 후 중도해지한 상태였다. 또한 해지경험이 있는 39.7%의 가입자들 중 절반 이상(52.4%)이 해지를 후회하고 있었다. 또 고령층일수록 긴급자금이 필요해서 개인연금을 해약한 것으로 나타났다. 물론 당장의 생활비 해결과 급박한 사정이 있겠지만, 개인연금은 섣부른 판단으로 해지하기보다는 긴 노후를 생각하며 힘들더라도 꾸준히 유지하려는 자세가 필요하다.

알아두면 유익한 정보마당

개인연금으로 얻을 수 있는 세제혜택

연금은 먼 노후만을 위한 것이다? No! 개인연금에 가입하면 당장 세금을 줄일 수 있는 세제혜택이 있다. 개인연금은 연금저축(세제적격)과 연금보험(세제비적격)으로 크게 나눌 수 있는데, 각각 세액공제와 이자비과세의 혜택이 있다.

- **연금저축(세제적격)** : 연말정산세액공제, 신고소득이 있는 경우 적절하며
  연금저축보험, 펀드, 신탁 중 선택 가능
- **연금보험(세제비적격)** : 10년 이상 유지시 이자소득 비과세 혜택이 있고,
  종신형 연금보험선택시 평생 연금을 수령할 수 있음

금융저축 목적은 노후대책 53.4%
보험 및 연금자산 증가

금융자산 저축목적

(단위: %)

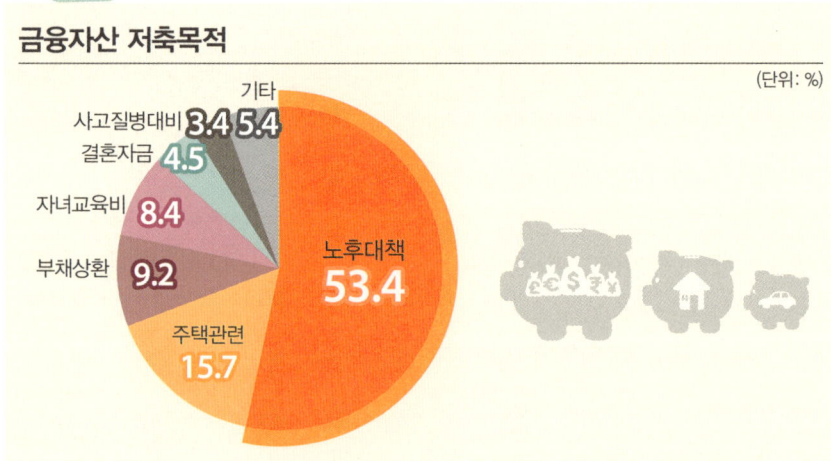

기타 **5.4**
사고질병대비 **3.4**
결혼자금 **4.5**
자녀교육비 **8.4**
부채상환 **9.2**
주택관련 **15.7**
노후대책 **53.4**

(자료: 통계청, 가계 금융 · 복지조사 2013)

우리나라 가계의 금융자산 포트폴리오 추이

(단위: %)

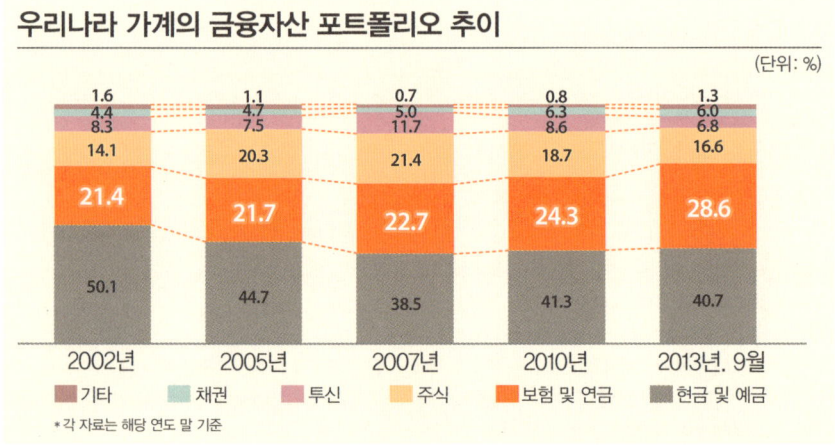

	2002년	2005년	2007년	2010년	2013년, 9월
기타	1.6	1.1	0.7	0.8	1.3
채권	4.4	4.7	5.0	6.3	6.0
투신	8.3	7.5	11.7	8.6	6.8
주식	14.1	20.3	21.4	18.7	16.6
보험 및 연금	21.4	21.7	22.7	24.3	28.6
현금 및 예금	50.1	44.7	38.5	41.3	40.7

* 각 자료는 해당 연도 말 기준

(자료: 은행 자금순환동향, 각 년도)

노후 대비한 금융자산 투자 늘려라

가계부를 정리하던 한 모(55)씨는 이번 달 만기가 되는 정기적금 1억원을 어떻게 할지 고민이 깊다. 다행히 두 자녀는 이미 결혼 후 분가했고, 살고 있는 아파트 대출도 상환을 끝냈다. 온전히 부부가 쓸 수 있는 여유자금이었기에 노후준비를 위한 금융자산에 재투자하기로 했다. 앞으로 5년 이내 남편의 은퇴로 소득이 줄어들 것을 고려해서 한씨는 가입 다음달부터 매월 일정액을 받을 수 있다는 '즉시연금'에 가입하기로 했다.

우리나라 사람들의 금융자산 투자목적은 노후대책, 주택관련, 부채상환, 자녀교육비 순으로 나타났는데, 그 중에서도 노후대책(53.4%)이 절반 이상을 차지했다. 단 KB금융지주 경영연구소 보고서에 따르면 1차 베이비부머(1955~63년생)는 노후대책이 주된 투자목적이지만, 그들의 자녀세대인 에코세대(1979~85년생)는 투자의 최우선 목적이 주택 마련이라 답해, 처한 생애주기에 따라 우선순위에 차이가 있음을 알 수 있다.

한편 우리나라 가계 금융자산의 변화를 보면 현금 및 예금의 비중은 줄고 보험·연금이 증가하는 흐름이 이어지고 있다. 개인의 금융자산 중 보험 및 연금 비중은 2002년 21.4%에서 2013년 9월 28.6%까지 증가했다. 반대로 현금 및 예금 비중은 같은 기간에 50.1%에서 40.7%까지 하락했다. 저금리 시대에 예금을 줄이고 노후를 대비하려는 성향이 반영된 것으로 분석된다. 결국 향후에도 가계 금융자산의 큰 흐름은 이러한 안전수요 및 은퇴준비가 부각되면서 보험 및 연금비중의 증가로 나타날 것으로 전망된다.

알아두면 유익한 정보마당

즉시연금, 나도 들어 볼까?

즉시연금은 오랫동안 적립 후 노후에 받게 되는 일반적인 연금과 달리, 납입한 다음 달부터 바로 일정한 연금을 받을 수 있는 상품이다. 따라서 퇴직이 얼마 남지 않았는데 미리 준비한 연금이 충분치 않다면 안정적인 생활비용으로 사용할 수 있어 좋다. 납입금액이 2억원 이하일 경우, 받는 기간을 10년 이상으로 설정하면 수령금액에 대해 비과세혜택을 받을 수 있다.

생산가능인구 지속 감소! 장기적 부동산 가격의 하락 요인

한국의 인구 추이와 인구구조 변화 전망

(단위: 만 명, %)

연도	0~14세	15~64세	65세 이상	총인구
1980	34.0	62.2	3.8	
1990	25.6	69.3	5.1	
2000	21.1	71.7	7.2	
2010	16.1	72.8	11.0	
2020	13.2	71.1	15.7	
2030	12.6	63.1	24.3	5216 (2030년)
2040	11.2	56.5	32.3	
2050	9.9	52.7	37.4	
2060	10.2	49.7	40.1	

인구 3000 1967년
4000 1983년
5000 2012년
5216 2030년
5000 2045년
4000 2068년
3000 2091년

― 총인구 수
■ 65세 이상
■ 15~64세
■ 0~14세

(자료: 통계청 장래인구추계, 2012)

일본 인구구조 변화와 도쿄 주택가격지수 추이

(단위: 만 명, pt)
19'76 = 100pt

(만 명)

476.06pt
3,684만 명

34~54세 인구

도쿄주택 가격지수

(자료: 일본 총무성(인구) 및 도쿄증권거래소(주택), 2013)

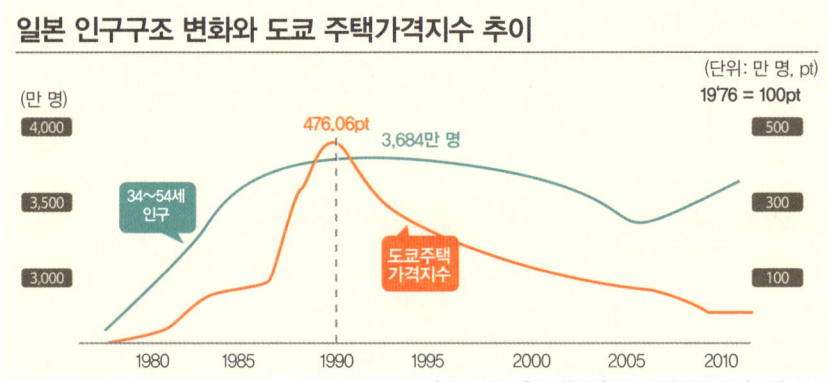

인구 변화를 알아야 부동산시장도 보인다

　최근 인구구조의 변화로 인한 부동산시장 침체 장기화 가능성에 대한 경고들이 나오고 있다. 그렇다면 현재 우리나라의 인구변화는 부동산시장에 어느 정도 영향을 주게 될까? 우리나라의 인구 수는 2030년을 정점으로 본격적으로 감소할 것으로 보인다. 이는 일반적으로 주택수요의 감소 요인으로 작용한다. 하지만 주택수요에 직접적으로 영향을 미치는 요인은 가구 수인데, 인구 수가 감소하는데 비해 1~2인 가구의 비중이 높아지고 있어 중소형 주택의 경우 수요가 늘어날 수 있다.

　우리나라는 이미 고령화 사회에 접어들었고 2017년 이후 고령사회에 진입하게 된다. 고령화 저출산으로 인해 생산가능인구가 줄어들면서, 장기적인 주택 수요 하락으로 부동산시장이 하락세로 접어들 수 있다.

　일본도 생산가능인구가 줄어든 1990년대 초반부터 부동산거품이 붕괴되고 가격이 하락하기 시작했다. 고령층일수록 가계자산 중 부동산 비중이 가장 큰 우리나라로서는 저출산 고령화에 따른 총인구 및 생산가능인구의 감소가 향후 부동산시장에 어떤 변화를 가져올지 유심히 살펴볼 필요가 있다.

알아두면 유익한 정보마당

생산가능인구

15~64세 인구를 말한다. 쉽게 말해 일할 수 있는 사람이다. 우리나라는 2017년 3,612만 명을 정점으로 생산가능인구가 감소하기 시작할 것으로 예상되고 있다. 우리나라의 생산가능인구 비중은 2012년 73.1%로 정점을 찍은 뒤 2050년에는 52.7% 수준까지 떨어질 것으로 추산된다.

자식에게 집 물려주지 않겠다! 25.7%

보유주택 상속 의향

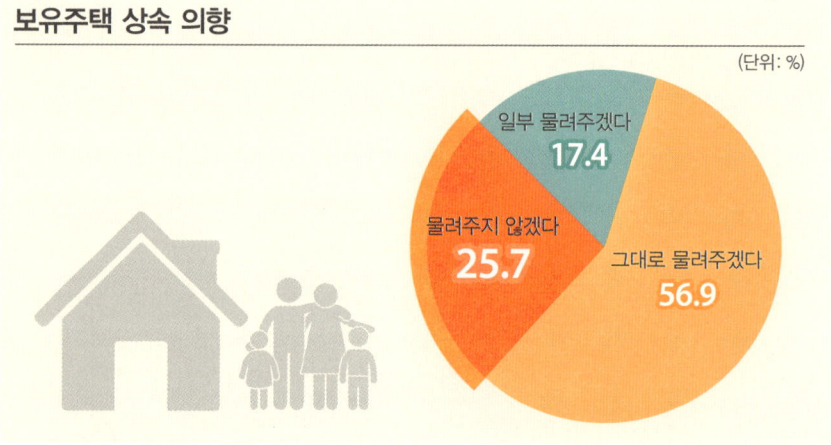

(단위: %)

일부 물려주겠다 **17.4**

물려주지 않겠다 **25.7**

그대로 물려주겠다 **56.9**

보유주택 비상속 의향 추이

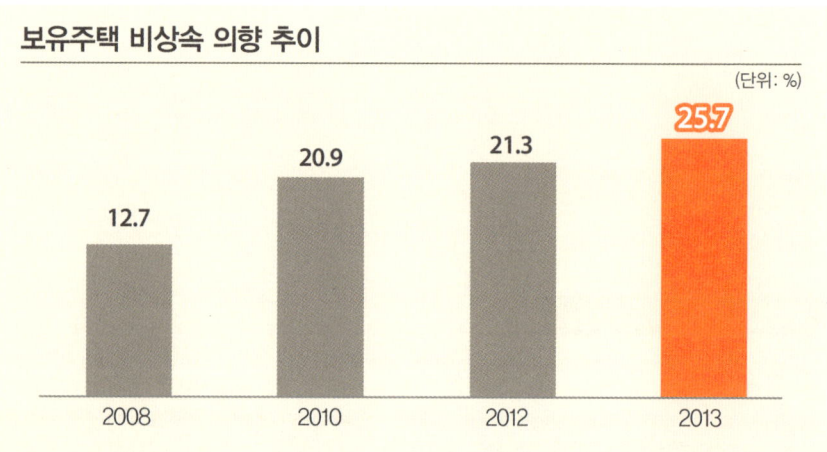

(단위: %)

2008	2010	2012	2013
12.7	20.9	21.3	25.7

(자료: 주택금융공사, 2013)

얘들아, 내 집은 눈독 들이지 말거라!

2008년 대기업에서 은퇴한 안 모(61)씨. 국민연금과 개인연금을 합쳐 매월 100여만원을 수령하고 있지만 여유 있는 생활비에는 턱없이 부족했다. 안 씨는 아내와 고민 끝에 남은 재산인 아파트만큼은 상속하지 않고 주택연금에 가입하기로 결정했다. 내심 눈치가 보였던 자녀들도 흔쾌히 동의했다. 안 씨는 "앞으로 20년 이상은 더 살 텐데 그때 자식한테 집 한 채 물려주는 게 무슨 의미가 있겠느냐"며 주택상속에 대한 최근의 인식 변화에 공감했다. 그는 요즘 노후 걱정을 덜고 편안한 나날을 보내고 있다.

주택금융공사의 설문조사에 따르면, 자신의 보유주택을 상속하지 않으려는 의향이 네 명 중 한 명(25.7%)에 달했다. 또한 이런 경향은 특히 가구주의 나이가 젊을수록 높은 것으로 나타났다. 보유주택 비상속 의향은 2008년 이후 점차 상승하고 있어, 단순히 나이에 따른 인식뿐 아니라 사회적인 트렌드가 변하고 있음을 보여주고 있다.

알아두면 유익한 정보마당

부양계약서가 필요한 이유

늙은 부모가 자의든 타의든 자식에게 부양 조건으로 재산을 물려주는 경우가 많다. 그런데 자식들이 유산만 받고 부양을 하지 않아, 부모가 자식을 상대로 재산을 돌려달라는 씁쓸한 '불효소송'이 늘어나고 있다. 자식에게 재산을 물려줄 때 "부양의무를 다하지 않으면 재산을 돌려 받겠다"는 계약서를 반드시 '문서'로 남겨야만 법적인 구제를 받을 수 있다. 즉, 부양을 조건으로 증여한다는 증빙서류를 남기지 않는 이상 원칙적으로 증여한 부동산을 되찾을 수 없다. 정확한 계약서 없이 소송까지 갔다가 부모와 자식 간의 관계가 돌이킬 수 없이 악화되면, 자칫 외로운 노후가 더욱 우울해질 수 있다.

주택연금 가입자 총 2만 명 돌파

주택연금 연도별 신규가입 및 총 가입건수

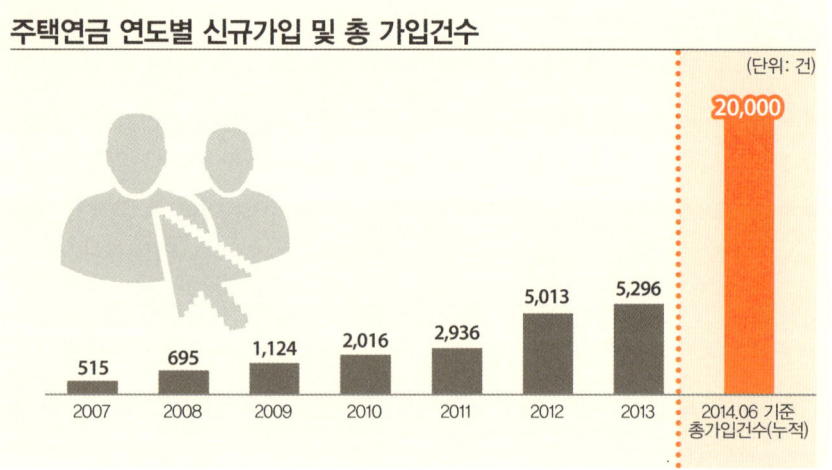

(자료: 주택금융공사, 2014.06 기준)

주택연금 가입자 실태

(자료: 주택금융공사, 2014.06 기준)

주택연금은 노후준비의 새로운 대안

　서울 근교에 사는 김 모(70)씨는 아내와 둘이 살면서 자녀들에게 다달이 용돈을 받고 있다. 아껴서 살면 크게 어렵지 않은 생활이지만, 요즘 자녀들이 손주의 교육비나 대출금 상환 등으로 힘겨워하는 것이 느껴져 부담스럽다. 고심 끝에 김씨는 자녀들과 의논해 주택연금에 가입했다. 주택을 담보로 매월 생활비로 쓸 수 있는 연금이 안정적으로 나올 뿐 아니라, 자신의 집에서 평생 거주가 보장되고 가입 기간 동안 재산세가 감면된다는 점 등에 마음이 끌렸다. 남은 유일한 재산인 집을 저당 잡힌다는 생각에 잠시 망설였지만, 무엇보다 자식 눈치 보지 않고 맘 편히 살 수 있다 생각하니 결심하기가 수월했다.

　2007년 출시된 주택연금이 2014년 6월 말 현재 총 가입건수 2만건을 돌파했다. 주택연금 가입이 증가한 원인은 우리나라 가계자산이 대부분 부동산에 집중되어 있는 상황에서 주택의 노후자금 활용이 현실적이며, 주택에 대한 인식 또한 '투자'보다는 '거주'로 변하고 있기 때문이다. 또 가입요건도 완화되고, 다양한 연금지급 유형이 개발된 것도 주요 요인으로 작용한 것으로 보인다.

　향후 주택연금은 부동산 자산은 있지만 유동성 확보에 어려움을 겪던 고령층 서민의 노후생활자금 마련 수단으로 정착할 것으로 보인다. 앞으로도 지속적인 제도 보완 및 개선을 통해 노후생활에 필수적인 상품으로 자리잡을 것으로 전망된다.

알아두면 유익한 정보마당

주택연금 가입조건

1. **가입가능연령** – 주택 소유자가 만 60세 이상(부부 공동 주택 소유 시 연장자가 만 60세 이상)
2. **주택보유 수** – 부부 기준 1주택만을 소유
3. **대상주택** – 시가 9억원 이하의 주택 및 지방자치단체 신고 노인복지주택 등

주택연금 가입자의
월 평균 수입 70%가 주택연금

주택연금 이용 고령자의 월 평균 수입구성

(단위: 만원, 주택가격 3억원, 정액형 기준)

근로사업소득
6

공적연금
24

주택연금
108
(70%)

월 소득
155만원
기준

9 → 친지도움

2 부동산 임대소득

3 퇴직 / 개인 연금

4 저축액 / 금융소득

(자료: 주택금융공사, 2014.6월 조회기준)

일반 고령자의 월 평균 수입구성

(단위: 만원)

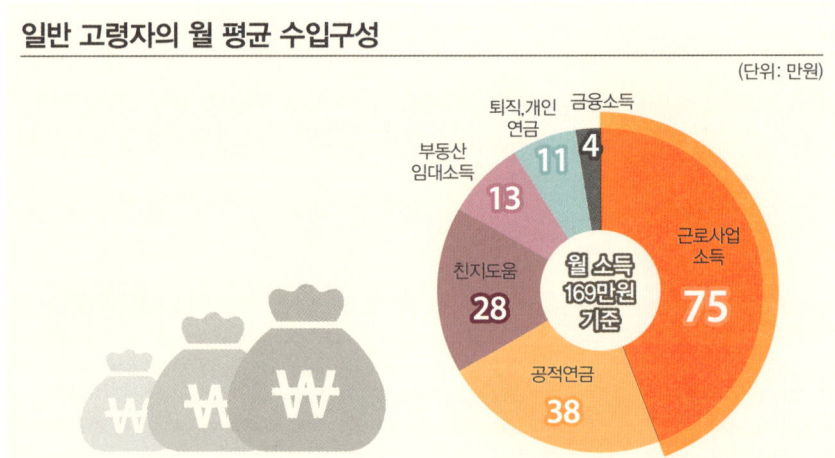

퇴직,개인 연금
11

금융소득
4

부동산 임대소득
13

근로사업소득
75

친지도움
28

월 소득
169만원
기준

공적연금
38

(자료: 주택금융공사, 하나금융경영연구소, 2013)

노후 소득절벽에 주택연금은 불가피한 선택

10여년 전 은퇴하고 경기도 외곽의 한 아파트에 부인과 거주하고 있던 최모(68)씨는 얼마 전 주택연금에 가입했다. 주택연금 가입 전 최씨의 퇴직금은 이미 바닥났고, 적은 돈이지만 월급이 나왔던 공공근로 일자리마저 끊겼다. 그나마 매달 나오는 국민연금과 출가한 자식이 가끔 쥐어주는 용돈으로 부부 둘이서 살고 있었던 것. 그래도 이제 100만원 남짓 주택연금을 매월 수령함으로써 생활의 숨통이 트였다.

하나금융경영연구소 보고서에 따르면 2013년 주택연금 가입자는 월 평균 전체수입 155만원 기준 70%인 108만원을 주택연금으로 받고 있다. 연금액이 크지만 좋은 것만은 아니다. 주택연금에 가입하지 않은 일반 고령층(169만원)에 비해 전체 수입이 낮고, 주택연금 의존도가 지나치게 크기 때문이다. 하지만 이는 주택 외에는 기댈 만한 소득이 없는 고령자들에게 주택연금이 큰 도움이 되고 있다는 사실을 반증한다. 노후에도 안정적인 일자리를 가진 경우가 아니라면 부동산을 활용하지 않고는 노후 준비가 버거운 것이 현실이다. 이때 주택연금이 합리적인 대안이 될 수 있다.

알아두면 유익한 정보마당

주택연금 가입하고 싶은데, 최대의 적은 가족?

주택연금에 가입하겠다고 신청했다가 철회한 노인 2명 중 1명은 아들·며느리 등 가족의 반대 때문에 가입철회를 한 것으로 나타났다. 주택금융공사에서 분석한 주택연금 철회사유는 '가족 반대'가 1,167건(44.7%)으로 가장 많았고, '특별한 이유 없음'이 479건(18.3%), '연금액이 예상보다 적다'는 이유가 467건(17.9%) 순이었다. 주택연금은 해당 부동산의 자녀상속 문제가 개입되는 만큼 가입 전 가족과의 충분한 의견 교환이 필요하다.

주택연금 가입 신청 후 철회 이유
※전체 2,323건 (2007~2013년)

설정비·인지세 등 비용불만 104
기타 106
예금액이 예상보다 적다 467
특별한 이유 없음 479
가족반대 1167건

(자료: 주택금융공사)

"건강한 몸은 정신의 사랑방이며, 병든 몸은 감옥이다"

– 베이컨 –

F.I.T.N.E.S.S 건강

건강 • 운동 • 수명 • 보험 • 치료

100세 시대 한국!
평균수명 81.4세

한국인 평균수명

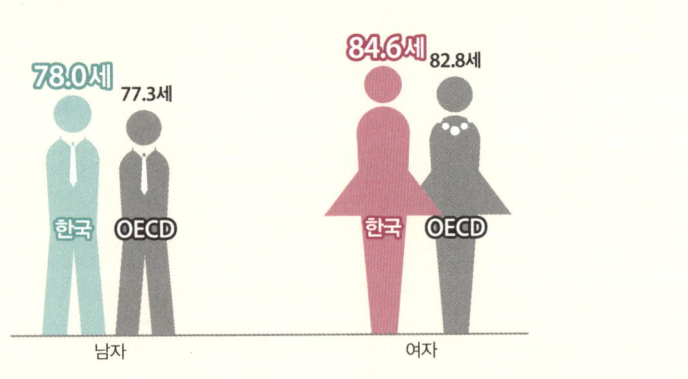

78.0세 77.3세

한국 OECD

남자

84.6세 82.8세

한국 OECD

여자

(자료: 통계청 2012, OECD 2011)

평균수명 증가 추이

(단위: 세)

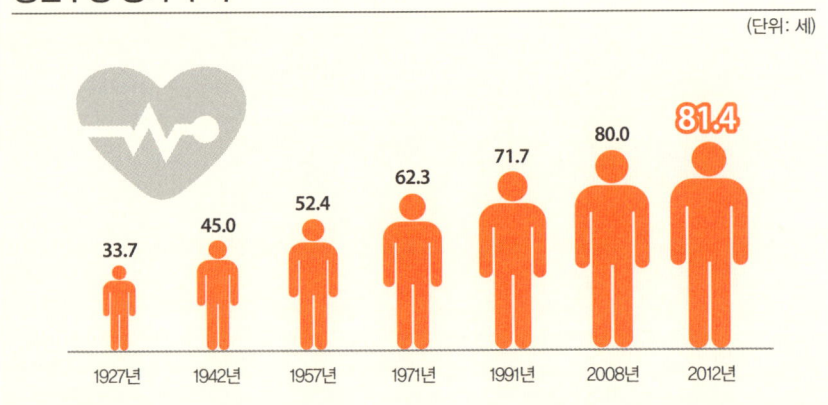

33.7	45.0	52.4	62.3	71.7	80.0	**81.4**
1927년	1942년	1957년	1971년	1991년	2008년	2012년

(자료: 경성의대(1927~1942년), 통계청 2012)

평균수명의 변천사

우리나라 사람들의 평균수명은 2012년 기준 남성 78.0세, 여성 84.6세이다. 이는 OECD 국가 사람들의 평균수명보다 높은데, 특히 여성은 OECD 여성의 평균보다 2년 가량 더 오래 사는 것으로 조사되었다. 또한 2020년경이면 100세 시대의 바로미터인 '최빈사망연령(사망빈도가 가장 높은 연령)'이 90세를 넘을 것으로 전망돼 우리나라도 100세 장수국가 반열에 오르게 된다.

언제부터 우리나라 사람들이 장수하게 됐을까? 일제시대인 1927년, 경성의대가 조사한 바에 따르면 우리나라 사람들의 평균수명은 불과 33.7세였다. 하지만 85년이 지난 2012년에는 평균수명이 81.4세로 늘어나, 거의 2년마다 1년씩 수명이 길어졌다고 볼 수 있다. 해방 전까지만 해도 평균수명은 50세를 넘지 못했기 때문에 60세가 되면 환갑잔치를 열어 온 동네가 떠들썩하게 축하했다.

그러나 이러한 풍습은 1970년대 들어 평균수명이 60세 이상으로 높아지면서 점차 사라지기 시작했다. 60대는 동네 경로당 막내로서 궂은 일을 도맡아 해야 하는 신세가 됐고, 적어도 70세는 넘어야 그나마 지하철에서 자리를 양보받는 어르신 대접을 받을 수 있다. 평균수명의 증가로 인해 단순히 오래 사는 것이 아니라 건강하고, 활기차며, 행복하게 오래 사는 준비가 필요하다.

알아두면 유익한 정보마당

평균수명

0세인 사람이 평균 몇 세까지 살 수 있을 것이라는 기대치. 즉 0세의 평균여명을 말한다. 예를 들어 오늘 2명의 아이가 태어나 한 아이는 62.8세까지 살고 다른 아이는 100세까지 산다면 두 아이의 평균수명은 81.4세이다.

$$(62.8 + 100) \div 2 = 81.4$$

조선시대 임금의
평균수명 46.1세

조선시대 장수한 임금은 누구?

81세 → 2013년 현재
우리나라의 평균수명

72세

66세

66세

62세

조선임금
평균수명
46.1세

영조　　　　　태조 이성계　　　　고종　　　　　광해군　　　　　정종

(자료: 서울대 의대 황상익 교수, 2013)

조선시대 사람들은 몇 살까지 살았을까?

옛 사람들의 수명은 비록 임금이라 할지라도 오늘날의 평균수명과는 도저히 비교할 수 없을 정도로 짧았다. 남아 있는 족보나 문헌들을 조사해보면, 고려시대(918~1392년) 임금 34명의 평균수명은 42.3세, 귀족들의 평균수명은 39.7세로 임금이 귀족보다 약 2년 오래 살았다고 한다.

그러나 조선시대(1392~1910년) 들어서는 귀족들이 임금들보다 무려 7년이나 오래 살았던 것으로 나타났다. 조선시대 임금의 평균수명은 46세인 반면, 귀족들의 평균수명은 53세에 달했기 때문이다. 외척 세력들이 득세하던 조선시대 임금에게 왕권에 대한 위협과 그에 따른 스트레스가 더 많지 않았을까 싶다. 한편 조선시대 평민들의 수명은 약 24세로 귀족들의 절반 수준에 불과했다.

조선시대 임금 중 가장 장수한 임금은 만 81세 5개월에 세상을 떠난 영조이며, 72세까지 산 태조 이성계가 그 뒤를 이었다. "일흔 살까지 산다는 것은 옛날에는 드문 일이었다"라는 고희(古稀)의 뜻 그대로 70세를 넘긴 임금은 이들 두 명에 불과했다. 그 다음으로 고종(66세), 광해군(66세), 정종(62세)이 뒤를 이었다. 회갑을 넘긴 임금은 20%도 되지 않았다.

알아두면 유익한 정보마당

조선시대 영조가 장수했던 이유

조선시대 21대 임금 영조는 탕평책을 시행하고 청계천 준설과 신문고를 설치했으며, 균역법을 시행한 업적으로 유명하다. 무려 81세까지 살아 조선시대에서 가장 오랫동안 왕위에 있으면서 최장수한 왕이기도 하다. 이러한 영조의 장수 비결은 바로 차별화된 식습관에 있었다고 한다. 12가지가 넘는 전통 수라상의 반찬 수를 반으로 줄이고 잡곡이 들어간 밥을 즐겨 먹었으며, 하루 다섯 번 올라오는 수라를 세 번으로 줄여 소식을 하는 대신 절대 끼니를 거르는 법이 없었다. 건강한 식습관이 최고의 장수비결인 것은 예나 지금이나 크게 다르지 않은 모양이다.

대한민국 건강수명
70.7세

남녀 건강수명

(2011년 출생아 기준)

68.8세   72.5세

남자   여자

(자료: 보건사회연구원, 2014)

건강수명 단축요인 및 기간

(단위: 개월)

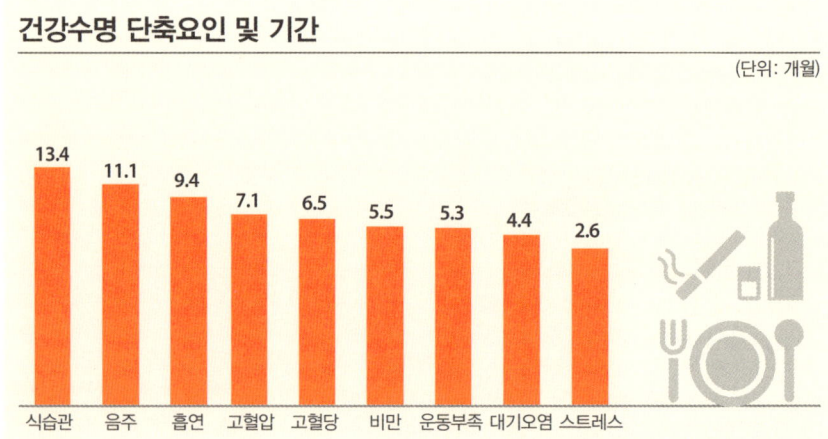

식습관	음주	흡연	고혈압	고혈당	비만	운동부족	대기오염	스트레스
13.4	11.1	9.4	7.1	6.5	5.5	5.3	4.4	2.6

(자료: 미국 워싱턴대 건강측정평가연구소, 조선일보 2013.06기사)

건강 강국 대한민국

2007년 WHO(세계보건기구)가 전 세계 193개국의 건강수명을 조사한 결과 세계 평균 건강수명은 59세인 것으로 나타났다. 당시 건강 강국 1위는 76세인 일본이었으며, 우리나라는 71세로 26위였다. 2014년 발표된 보건사회연구원의 한국인 건강수명 70.7세는 고소득 국가 그룹의 평균 건강수명 70세 수준으로 명실공히 건강 강국이라고 할 수 있다.

건강의 비결은 무엇일까? 우리나라는 미국의 건강전문지 '헬스'가 선정한 세계 5대 건강식품인 김치를 비롯해 일본의 낫토와 유사한 된장·청국장을 주로 먹는다. 이러한 식습관과 함께 의학발달, 개인의 노력 등이 바로 건강 강국 대한민국을 만들고 있다.

세계 5대 건강식품

| 김치 | 일본 낫토 | 그리스 요구르트 | 인도 렌틸콩 | 스페인 올리브유 |

알아두면 유익한 정보마당

건강수명
- 전체 평균수명에서 질병이나 부상으로 고통 받는 기간을 제외하고 건강을 유지한 기간을 의미
- 남녀 간 기대수명의 차가 6~7년임에 비해 건강수명의 차이는 4년인 것은 상대적으로 여성이 남성에 비해 장수하지만, 건강하게 살아가는 기간에서는 취약함을 의미

건강수명과 기대수명

건강수명 **70.7세**
보건사회연구원(2011년 기준)

평균수명 **81.4세**
통계청(2012년 기준)

※**건강수명** : 전체 평균수명에서 질병이나 부상으로
  고통받는 기간을 제외하고 건강한 삶을 유지한 기간

하나
건강수명 늘려주는
보장보험!

보장보험

건강수명　　70.7세

100세시대

(자료: 한화생명 보험연구소)

최빈사망연령 85.0세

경제인문사회연구원(2008년 기준)

※**최빈사망연령** :
한 사회에서 가장 많이 사망하는 연령.
성인 사망률에 의해서만 결정되는 특성상
최빈사망연령이 90세 이상이 되는 사회는
100세 시대라고 볼 수 있는 지표가 됨

둘
100세 시대를 여유롭게
개인연금!

81.4세   85세

돈 걱정! 건강 걱정!
불안하기만 한 노후

60세 이상 노후 고민

(단위: %)

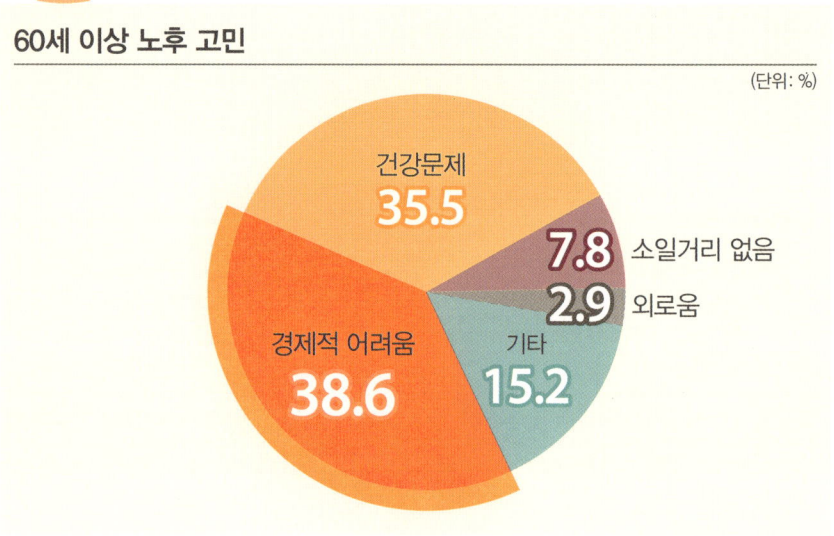

건강문제 **35.5**

7.8 소일거리 없음

2.9 외로움

기타 **15.2**

경제적 어려움 **38.6**

(자료: 통계청, 2013)

노후 걱정 3대 질병

치매	암	심혈관 질환
39.4%	22.8%	14.1%

(자료: 화이자제약 설문조사, 2013)

가장 빠른 고령화 속도와 노후 걱정거리

지금까지 고령화사회에서 초고령사회로의 진입이 가장 빨랐던 국가는 일본으로 35년이 걸렸다. 그러나 이 기록은 우리나라에 의해 곧 단축될 것으로 보인다. 통계청 발표에 따르면 2000년 고령화사회로 진입한 우리나라는 2017년 고령사회로, 2026년 초고령사회로 진입할 것으로 예상돼 세계에서 고령화가 가장 빨리 진행될 것으로 전망된다.

60세 이상 고령자가 꼽은 노후 고민으로는 경제적 어려움이 38.6%, 건강 문제가 35.5%로 대부분을 차지했다. 특히 노후에 가장 걱정되는 질병은 치매(39.4%), 암(22.8%), 심혈관 질환(14.1%) 순으로 나타났다.

노후에 대한 준비가 사회적 이슈로 부각되고 있지만 '나이 드는 것'에 대한 준비는 여전히 미흡하다. HSBC 조사결과 한국인은 60대를 제외한 전 연령층에서 여전히 '돈'의 가치를 크게 생각하고 있지만, 미국에서는 전 연령층에서 가장 중요한 가치로 '건강'을 꼽는다고 한다. 돈과 건강, 어느 하나 소홀히 할 수 없는 노후의 중요한 가치이다.

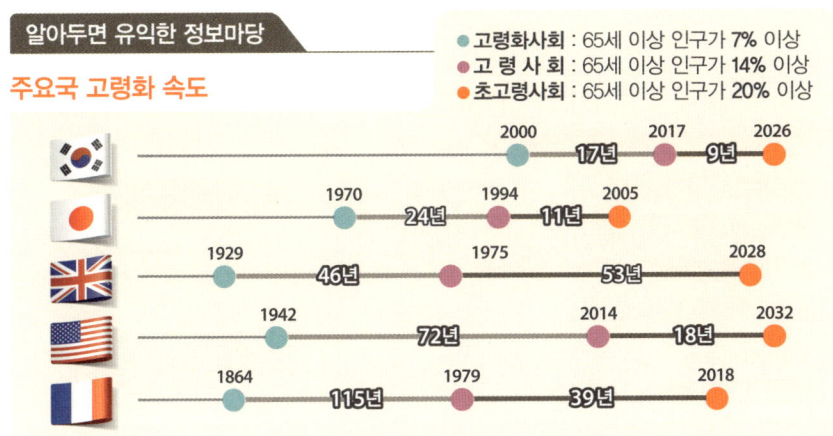

알아두면 유익한 정보마당

주요국 고령화 속도

- 고령화사회 : 65세 이상 인구가 **7%** 이상
- 고 령 사 회 : 65세 이상 인구가 **14%** 이상
- 초고령사회 : 65세 이상 인구가 **20%** 이상

국가	고령화사회	→	고령사회	→	초고령사회
한국	2000	17년	2017	9년	2026
일본	1970	24년	1994	11년	2005
영국	1929	46년	1975	53년	2028
미국	1942	72년	2014	18년	2032
프랑스	1864	115년	1979	39년	2018

(자료: 일본 국립사회보장 인구문제연구소,인구통계자료집, 2010)

평생 암 발생 확률
36.9%

평균수명과 암 발생 확률

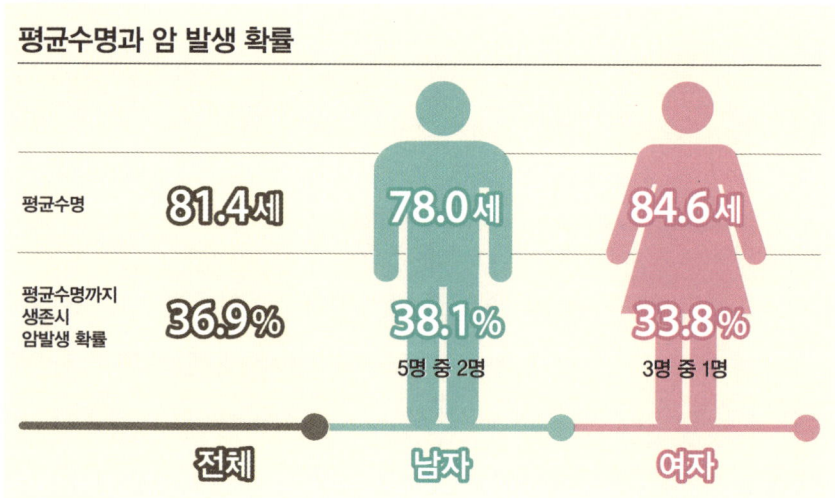

	전체	남자	여자
평균수명	81.4세	78.0세	84.6세
평균수명까지 생존시 암발생 확률	36.9%	38.1% (5명 중 2명)	33.8% (3명 중 1명)

(자료: 국립암센터/통계청, 2012)

암 발병 시 우려 사항

(단위: %)

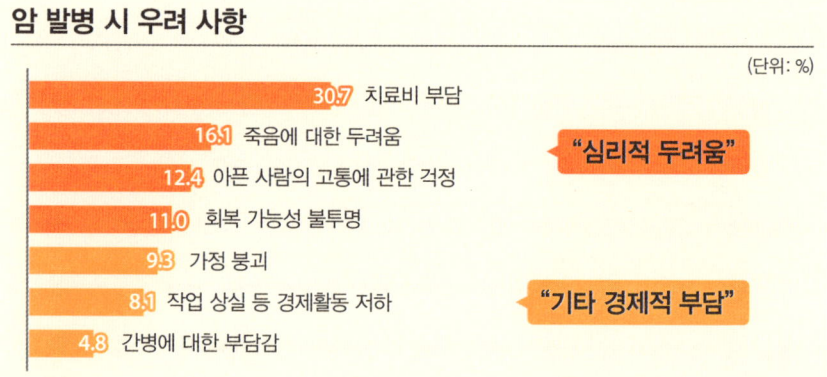

30.7	치료비 부담	
16.1	죽음에 대한 두려움	"심리적 두려움"
12.4	아픈 사람의 고통에 관한 걱정	
11.0	회복 가능성 불투명	
9.3	가정 붕괴	
8.1	작업 상실 등 경제활동 저하	"기타 경제적 부담"
4.8	간병에 대한 부담감	

(자료: 국립암센터/코리아리서치, 2012)

경제적 대비가 중요한 암

평소 건강에 대해 자신이 있었던 직장인 황 모(45)씨는 복부통증으로 병원을 찾았다가 초기 위암 진단을 받았다. 나이도 젊고 운동도 열심이었던 황씨는 암이라는 통보에 적잖이 충격을 받았지만, 치료비 부담이 더 걱정이었다. 다행히 황씨는 몇 년 전 지인의 권유로 가입했던 암보험에서 진단자금과 입원비를 지원 받고 마음 편히 치료에 집중해 완쾌할 수 있었다.

한국인의 평균수명은 2012년 기준 81세인데, 생애 중 암이 발생할 확률은 자그마치 36.9%에 달했다. 남성은 5명 중 2명, 여성은 3명 중 1명 가량이 해당된다. 국립암센터 조사 자료에 따르면 암 환자의 상당 수가 죽음에 대한 두려움보다도 경제적 부담을 걱정하는 것으로 나타났다. 일단 암에 걸리게 되면 정신적 충격은 물론 경제활동이 어려워지는 데다 고액의 암 치료비에 대한 부담이 크기 때문에 반드시 암보험과 같은 안전장치를 통해 미리 대비해 두는 것이 무엇보다 중요하다.

알아두면 유익한 정보마당

암예방 10가지 생활수칙

 담배를 피우지 않고, 남이 피우는 담배 연기도 피하기

 채소와 과일을 충분히 먹고, 다채로운 식단으로 균형 잡힌 식사하기

 음식을 짜지 않게 먹고, 탄 음식을 먹지 않기

 술은 하루 두 잔 이내로 마시기

 주 5회 이상, 하루 30분 이상 땀이 날 정도로 걷거나 운동하기

 자신의 체격에 맞는 건강 체중 유지하기

 예방접종 지침에 따라 B형 간염 예방접종 받기

 성 매개 감염병에 걸리지 않도록 안전한 성생활 하기

 발암성 물질에 노출되지 않도록 작업장에서 안전보건수칙 지키기

 암 조기 검진 지침에 따라 검진을 빠짐없이 받기

(자료: 국립암센터 홈페이지 2014)

암 사망 1위 폐암,
2위 위암, 3위 간암

고령자 암 종류별 사망 순위

(단위: 인구 10만 명당 명)

폐암	위암	간암	대장암	췌장암	전립샘암	자궁암	유방암
220.5	106.9	104.9	102.7	58.2	23.3	10.7	10.1

(자료: 통계청, 2013 고령자 통계)

고령자 성별 암 사망 순위

(단위: %)

■ 남자 ■ 여자

	폐암	간암	위암	대장암
남자	30.4	13.2	12.7	10.5
여자	18.1	10.9	12.2	14.5

(자료: 통계청, 2013 고령자 통계)

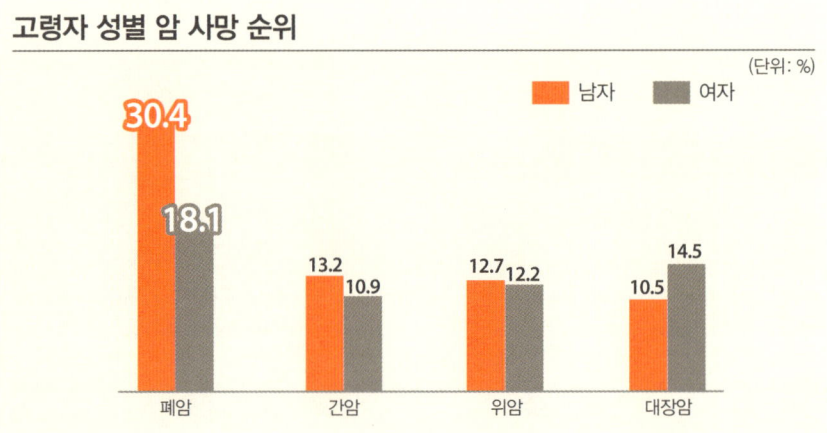

당신의 폐를 보호하라

회사원 김 모(45)씨는 유명한 애연가였다. 영업직으로 외부 사람들과 만나는 자리에서 친해지기 위해 피우던 담배가 점점 늘었고, 특히 술 자리에서는 담배 한 갑을 다 피우기 일쑤였다. 평소 담배를 많이 피운 만큼 폐 건강에 대한 막연한 불안감은 있었지만, 가끔 답답한 것을 제외하면 나름 건강에 대해 자신해왔다. 그런 그가 폐암 초기라는 사실을 알게 된 것은 근로자 건강검진에서였다. 의사는 암 중에서도 한국인이 가장 많이 사망하는 암이 폐암이며, 너무 늦지 않게 발견된 것이 천만다행이라고 김씨를 안심시켰다. 수술 날짜가 잡힌 김씨는 아침부터 휴대폰을 꺼내 들었다. 자기 건강만 믿고 오늘도 열심히 담배를 피우고 있을 가까운 친구와 선후배들에게 '이제 정신차리고 담배 좀 끊으라'고 충고하기 위해서다.

많은 사람들이 담배만 피우지 않으면 폐암을 피할 수 있다고 생각한다. 2012년 남성의 흡연율은 43%인 반면 여성의 흡연율은 7.4%지만, 놀라운 사실 하나는 상대적으로 흡연율이 낮은 여성의 사망 원인 1위도 폐암이라는 것이다. 여성에게 담배 못지 않게 위험한 것이 바로 주방이다. 음식을 할 때 발생하는 유해가스가 폐와 호흡기에 치명적이기 때문이다. 폐 건강을 위해 주방에서 조리를 할 때는 항상 환풍기를 틀거나 환기를 할 필요가 있다.

알아두면 유익한 정보마당

우리나라 폐암 사망률이 높은 이유

다른 암도 사망률이 결코 낮지는 않지만, 폐암은 인구 10만 명당 220명이 사망해 다른 암의 약 두 배 가량의 사망률을 보이고 있다. 전문가들은 높은 폐암 사망률의 주요 원인으로 너무 늦게 암을 발견하는 것을 꼽는다.

폐암은 전이가 빠르다. 폐는 다른 기관에 비해 부드러운 조직으로 구성되어 있어 암 세포가 발생하면 근처로 옮겨가기 쉽기 때문이다. 또한 폐 앞에 심장이 있기 때문에 X-ray 검사를 하더라도 가려진 부분은 확인이 어렵다는 단점도 있다. 따라서 폐의 건강을 지키기 위해 금연뿐 아니라 평소 정기적이고 꼼꼼한 검진이 필요하다.

암 치료 비용으로 금융자산 63% 소진

10명 가운데 3명은
피해 갈 수 없는 암

평균수명까지 발생비율

전체 **36.9%**

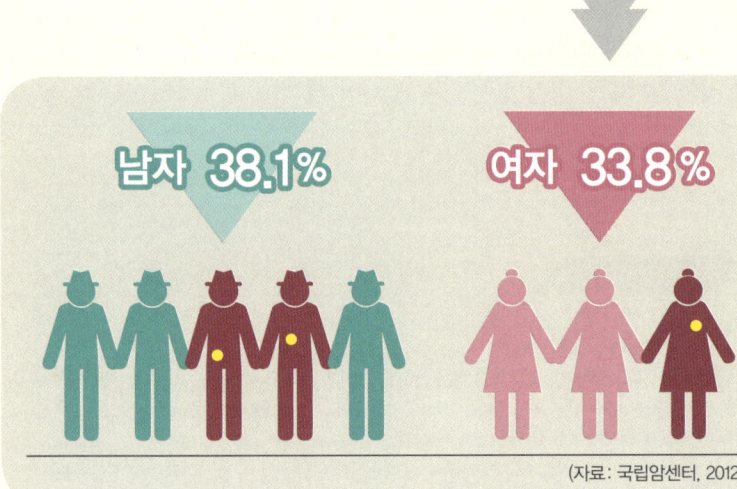

남자 **38.1%**   여자 **33.8%**

(자료: 국립암센터, 2012)

간
6,623만원

주요
암 치료비용

췌장
6,372만원

폐
4,657만원

담낭
4,254만원

위
2,686만원

(자료: 국립암센터)

개인평균 순금융자산

4,733만원

(금융자산-금융부채)

₩ 주요 10대 암 평균 치료비용	잔존자산
2,975만원	약 **37%**

(순금융자산의 약 63%소모)

암 치료비용의 부담을 대비하기 위한
암보험 필요성 증대

(자료: 통계청, 가계금융복지조사, 2013)

입원을 부르는 대표 질병들

2000년 이후 퇴행성 질환 입원 환자 급증

(외래제외)

무릎관절증 → 2000년 8,129명(98위) ▶ 2013년 87,167명(9위)

어깨병변 → 2000년 1,985명(267위) ▶ 2013년 80,721명(16위)

등통증 → 2000년 1,229명(366위) ▶ 2013년 50,179명(33위)

한국인이 가장 많이 입원하는 질병

(외래제외 입원기준)

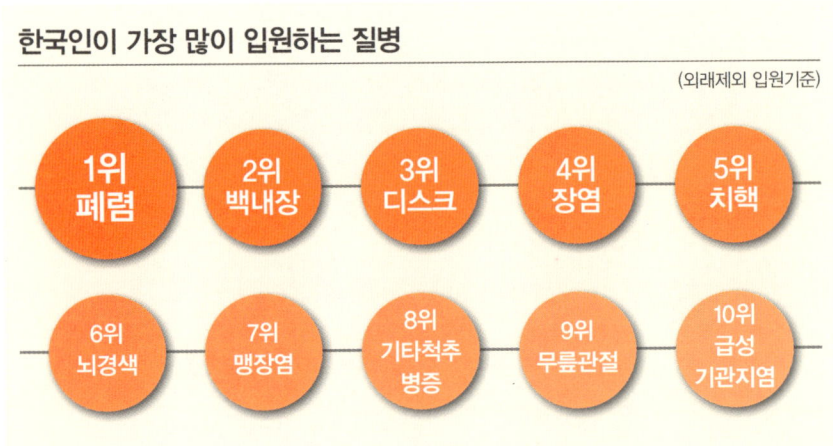

1위 폐렴 · 2위 백내장 · 3위 디스크 · 4위 장염 · 5위 치핵

6위 뇌경색 · 7위 맹장염 · 8위 기타척추병증 · 9위 무릎관절 · 10위 급성 기관지염

(자료: 국민건강보험공단, 진료비통계표, 2013)

고령화로 퇴행성 질환 입원 환자 급증

유 모(52)씨는 어느 날 배드민턴을 치던 중 오른쪽 어깨에서 '뚝'하는 소리가 나더니 심한 통증을 느꼈다. '시간이 지나면 괜찮아지겠지' 하고 대수롭지 않게 생각했지만, 점점 팔을 제대로 올릴 수가 없어 다음날 병원을 찾았다. 검사결과 어깨 힘줄이 파열돼 있는 것을 확인했다. 결국 유씨는 관절내시경을 이용한 수술적 치료를 하고 현재 재활 치료까지 받았다.

무릎, 등, 어깨 등 관절이 아픈 퇴행성 질환의 경우 2000년에는 입원환자 순위가 100위 안에도 들지 못했는데, 2013년 기준으로 순위가 급격히 상승했다. 고령화의 진행으로 이 같은 퇴행성 질환 환자는 앞으로 더욱 증가할 것으로 예상된다. 또한 국민건강보험공단 자료에 따르면 폐렴, 디스크, 치핵 등의 다발성 질환들로 우리나라 국민이 가장 많이 입원하게 된다고 한다.

암이나 심혈관 질환 같은 큰 질병(Critical Illness)이 아니더라도, 입원으로 소득이 줄고 일상 생활에 직접적으로 피해를 주는 퇴행성 관절염 등의 노화 질병에 대해서도 적극 대비할 필요가 있다. 현대인의 필수보험으로 꼽히는 실손의료비보험은 이러한 입원, 외래, 투약비 등을 실제 금액으로 보상하기 때문에 좋은 해결책이 될 수 있다.

알아두면 유익한 정보마당

관절염 예방과 관리를 위한 6대 생활 수칙

1. 표준 체중을 유지할 것
2. 가능한 한 매일 30분 이상 알맞은 운동을 할 것
3. 담배는 반드시 끊을 것
4. 오랫동안 같은 자세로 있기, 무거운 물건 들기 등 피할 것
5. 관절염 증상이 나타나면 조기에 정확한 진단을 받을 것
6. 꾸준한 치료와 자가 관리로 관절 장애와 합병증을 예방할 것

(자료 : 질병관리본부)

65세 이상 월 평균 진료비 26.2만원

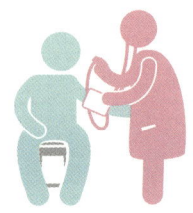

연령대별 월 평균 건강보험 진료비

(단위 : 만원)

건강보험적용인구 1인당
월 평균 진료비
8만5천원

9세 이하	10대	20대	30대	40대	50대	60대	70대	80세 이상	65세 이상 (노인)
6.4	2.7	3.2	4.6	6.0	10.5	17.7	27.2	37.5	**26.2**

(자료 : 건강보험공단, '2013 건강보험 주요통계')

65세 이후 생애 의료비 지출 비중

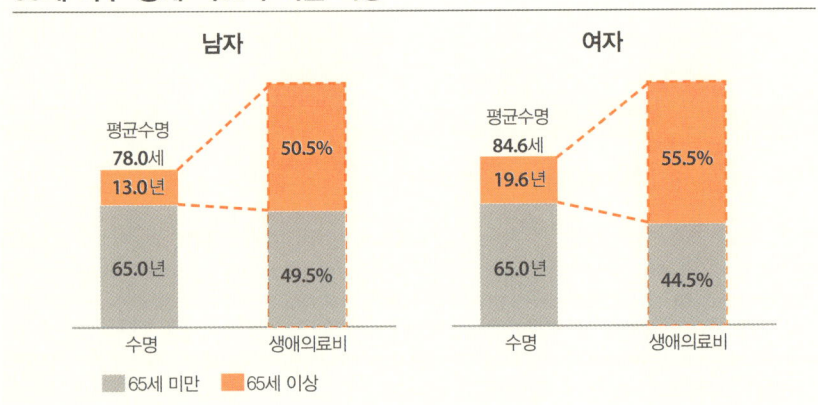

남자

평균수명
78.0세

수명	생애의료비
13.0년	50.5%
65.0년	49.5%

여자

평균수명
84.6세

수명	생애의료비
19.6년	55.5%
65.0년	44.5%

■ 65세 미만 ■ 65세 이상

(자료 : 한국보건산업진흥원, 2011)

나이 들수록 진료비 부담 커진다

'건강이 최고' 요즘 강 모(68)씨에게 가장 와닿는 말이다. 젊을 적 튼튼한 체력이 자랑이던 강씨였지만, 은퇴 후 급격히 나빠지는 체력을 몸으로 느끼고 있다. 게다가 같은 골절이라도 치료하는데 예전보다 수 일은 더 걸리니, 그만큼 치료비가 늘어나 부담이 된다. 그래도 매월 먹고 살 만한 돈은 준비했다고 생각했는데 의료비를 미처 생각하지 못했다.

나이가 들수록 진료비는 급격히 상승한다. 2013년 기준으로 건강보험 적용 인구 전체의 1인당 월 평균 진료비는 8만 5천원인 반면, 65세 이상은 26만원까지 올라간다. 특히 60대 17만원, 70대 27만원, 80대 37.5만원 등 은퇴 후 나이가 들수록 진료비가 급격히 오른다. 이에 따라 65세 이후에 생애 의료비의 절반 이상이 소모된다. 한국보건산업진흥원에 따르면 남자는 65세 이후 생애의료비의 50.5%를, 여자는 55.5%를 사용한다. 평균수명을 고려하면 남자는 약 13년간, 여자는 19.6년간 의료비가 폭발적으로 증가한다고 볼 수 있다. 여기에 건강보험이 적용되지 않는 검사비용이나 처치비용, 요양비 등을 고려한다면 실제 노후 의료비는 더 커질 수밖에 없다. 특히 치료에 목돈이 쓰일 수 있는 암 등 치명적 질병에 대비해 CI보험에 가입하거나, 실손의료보험으로 노후 경제적 부담을 줄일 필요가 있다.

알아두면 유익한 정보마당

고령자 전용 노후실손의료보험

갑작스러운 사고나 질병 발생 시 치료비용이 부담되지만, 보험을 얼마나 준비해야 할지 모르겠다면? 이 때 요긴한 보험이 바로 실손의료보험이다. 질병이나 상해로 입원/통원치료 시 실제 부담한 금액을 90%까지 보장해 주는데, 폭넓은 적용과 다소 저렴한 보험료로 '국민보험'으로 불리기도 한다. 다만 최대 가입연령이 65세로 한정돼 그 동안 고령자들의 가입이 제한되었다.
하지만 이제 고령자들도 적극적으로 실손의료보험에 가입할 수 있게 됐다. 2014년 3월 금융감독원의 보험업감독규정 개정에 따라, 가입연령을 현행 65세에서 75세까지 확대하고 고액의료비 중심으로 보장금액 한도를 확대한 '노후실손의료보험'이 출시됐기 때문이다. 연령이 높을수록 가파르게 오르는 진료비에 대비해 필요성이 더욱 커질 전망이다.

10년 후 치매환자
100만 명 시대

치매노인 증가추이 및 전망

(단위: 천 명)

연도	환자수
2008	421
2010	469
2012	534
2020	794
2025	1,033
2030	1,221
2040	1,851
2050	2,379

(자료: 보건복지부, 국가치매관리 종합계획, 2012)

1인당 연간의료비 비교

(단위: 만원)

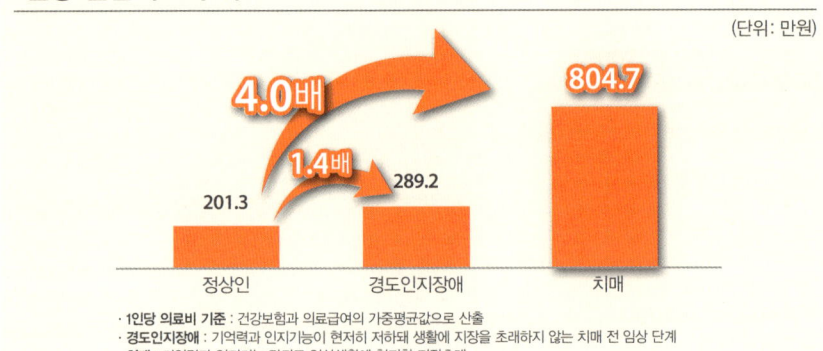

- **1인당 의료비 기준** : 건강보험과 의료급여의 가중평균값으로 산출
- **경도인지장애** : 기억력과 인지기능이 현저히 저하돼 생활에 지장을 초래하지 않는 치매 전 임상 단계
- **치매** : 기억력과 인지기능 감퇴로 일상생활에 현저한 지장초래

(자료: 보건복지부, 분당서울대병원, '치매노인 실태조사' 2011)

평소보다 건망증이 심해졌다면… 혹시 나도?

고령화와 더불어 발병률이 상승하는 치매는 노후의 가장 두려운 질병으로 꼽히고 있다. 치매는 나이가 들수록 발병률이 높고 가족력이 중요한 발병 인자로 알려져 있다. 부모가 모두 치매의 일종인 알츠하이머병에 걸리면 자식이 80세까지 알츠하이머병에 걸릴 위험도가 54%에 이른다는 연구결과도 있다.

치매는 초기 단계에서는 대부분 기억력 장애 정도만 나타나기 때문에 노인성 건망증과 구분하기가 매우 어렵다. 치매가 아니더라도 사람이 나이가 들면 뇌세포의 수가 줄어들면서 인지기능이 떨어지기 때문이다. 그러나 건망증은 차근차근 생각을 더듬어 보면 다시 기억해 낼 수 있지만, 치매에 걸리면 기억력뿐만 아니라 아예 어떤 사실 자체를 잊어 버리는 등 인지기능 전체가 저하된다는 점이 다르다.

치매도 조기에 발견해 적절히 관리하면 병의 진행을 방지하거나 지연시킬 수 있다. 본인의 건망증이 평소보다 심해졌다고 판단되면, 가까운 병원을 찾아 기억력·언어능력·시공간 지각능력·판단력 등을 종합적으로 측정하는 신경심리검사를 받아 보는 것이 좋다. 또한 병원을 찾기 부담스럽다면 보건복지부가 운영하고 있는 치매상담 콜센터(1899-9988)를 통해 전화로 쉽게 치매관련 상담을 받을 수도 있다.

알아두면 유익한 정보마당

치매예방 10계명

1. 손과 입을 바쁘게 움직여라
2. 머리를 써라
3. 담배는 당신의 뇌도 태운다
4. 과도한 음주는 당신의 뇌를 삼킨다
5. 건강한 식습관이 건강한 뇌를 만든다
6. 몸을 움직여야 뇌도 건강하다
7. 사람들과 만나고 어울리자
8. 치매가 의심되면 보건소에 가자
9. 치매에 걸리면 가능한 한 빨리 치료를 시작하자
10. 치매 치료·관리는 꾸준히 하자

(자료: 보건복지부 '치매 예방관리 10대 수칙')

치매유병률

나이가 많을수록,
여성일수록 치매 가능성 높아져

65~69세 대비 증가율

65~69세	1.0배
70~74세	2.2배
75~79세	3.8배
80~84세	5.7배
85세~	38.7배

치매 발전 가능성이 높은 **경도인지 장애자**

65세 이상 4명중 1명 으로 추산

동일 연령대에 비해 인지기능이 떨어져 있는 상태이며,
정상노화와 치매의 중간 단계

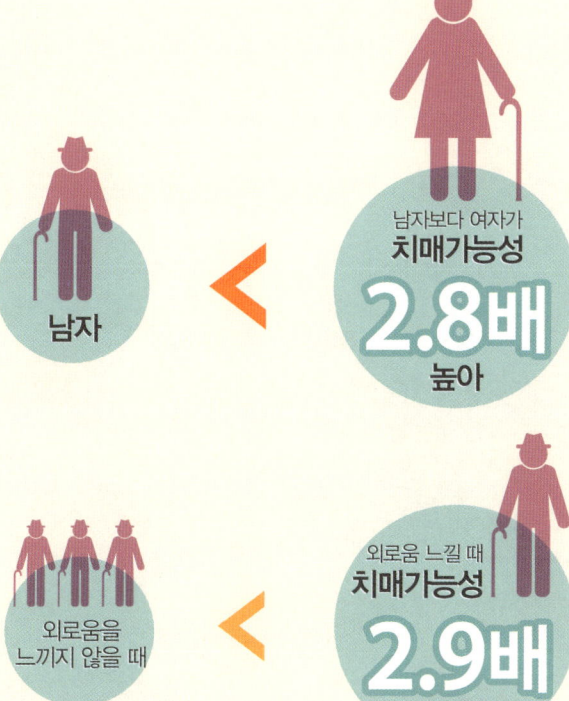

남자

남자보다 여자가
치매가능성
2.8배
높아

외로움을
느끼지 않을 때

외로움 느낄 때
치매가능성
2.9배
높아

(자료: 보건복지부 '치매유병률' 2013. 5)

치매에 걸리면…

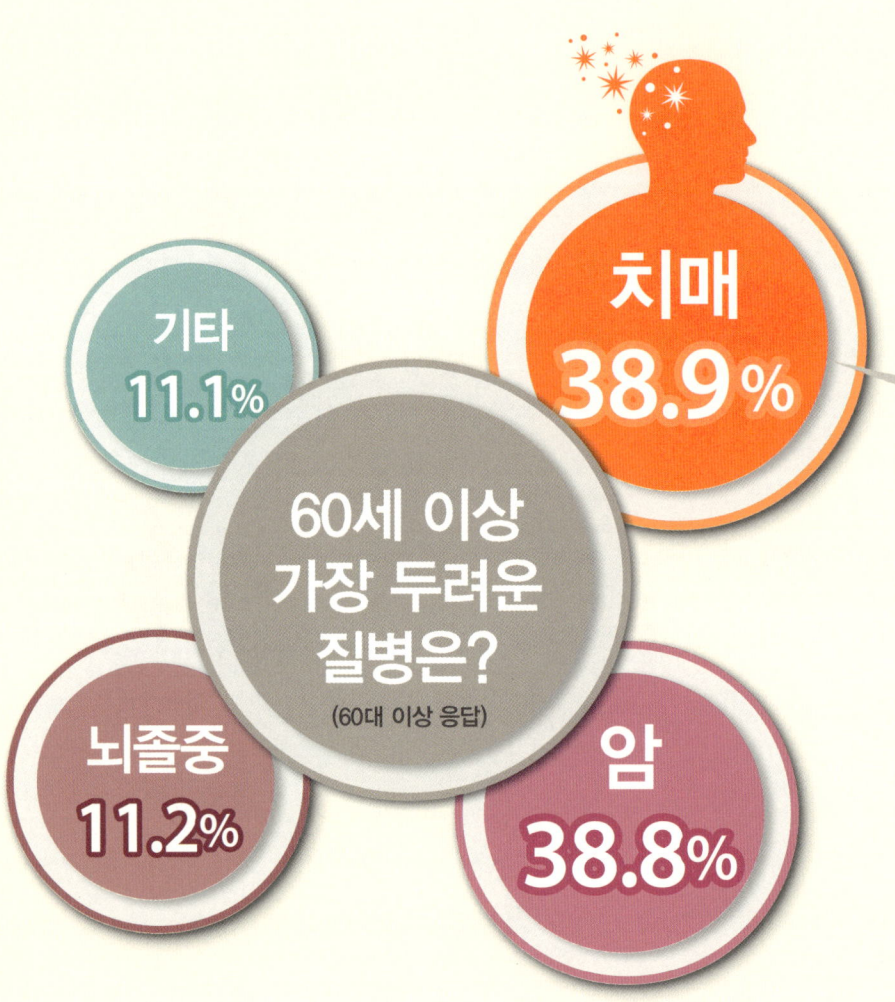

기타
11.1%

치매
38.9%

60세 이상
가장 두려운
질병은?
(60대 이상 응답)

뇌졸중
11.2%

암
38.8%

1인당 사회적 비용
2,030만원(연)

하루 돌보는 시간
6~9시간

실직 또는 근로시간 단축
10명 중 8명
(5시간 이상 돌보는 가족 기준)

치매환자
매일 21명 실종

사회적 비용 : 치매환자 및 가족을 포함해 사회 전체적으로
발생하는 총 비용

(자료: 미디어리서치, 조선일보(2013), 보건복지부(2013),
대한치매학회(2012), 경찰청(2012))

복부둘레는 위험둘레! 성인병 위험 2배 높이는 복부비만

복부비만자의 성인병 위험도

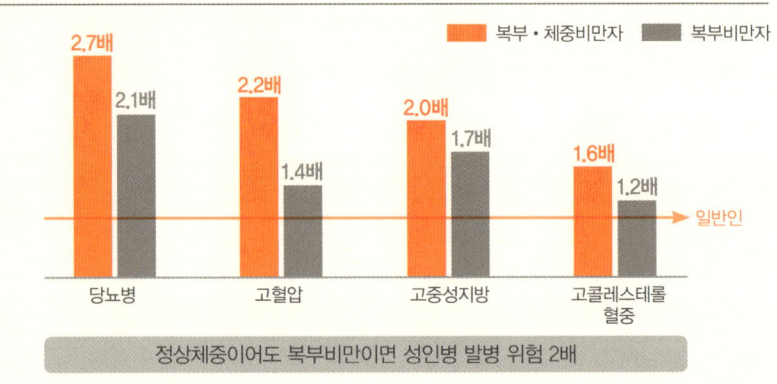

정상체중이어도 복부비만이면 성인병 발병 위험 2배

(자료: 대한비만학회 주최 〈비만예방포럼〉, 2013)

당신은 비만인가?

비만을 평가하는 방법

신체비만 지수(체질량지수) = 몸무게 / 키(m)의 제곱

70kg, 170cm 의 경우 $70 / 1.7^2 = 24.22$ (과체중)

체질량 지수

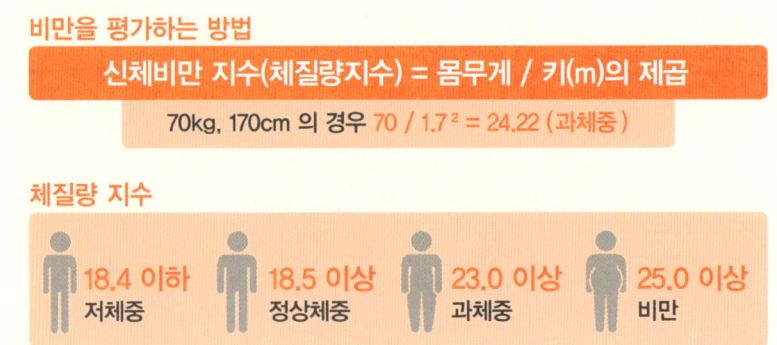

(자료: 대한비만학회)

40세 건강 80세 간다

40대 샐러리맨 배 모(45)씨는 사무실에서 하루 평균 12시간씩 앉아서 일한다. 한때는 몸짱이라는 소리를 들을 정도로 탄탄한 몸매의 소유자였으나, 사무실 근무, 인스턴트 간식 섭취, 운동 부족 등으로 지금은 영락없는 배불뚝이 아저씨다.

남녀노소를 불문하고 40대 이후가 되면 몸의 근육량은 줄어들고 체지방량은 증가하게 된다. 고칼로리 음식의 섭취가 늘고 바쁜 일상 생활에 운동량이 적다 보니 비만인구도 폭발적으로 늘고 있는 추세다. 특히 활동량이 급격히 떨어지는 중년의 사무실 근무자는 위험하다. 문제는 복부비만의 경우 고혈압, 당뇨병 등 성인병과 만성질환에 더 쉽게 노출될 수 있다는 점이다. 대한비만학회에 따르면 복부비만자는 당뇨병에 걸릴 위험이 일반인보다 2.1배, 복부와 체중 복합비만자는 2.7배 높다고 한다.

복부비만을 예방하기 위해서는 규칙적인 식사습관과 운동을 하는 것이 중요하다. 되도록 짠 음식을 피하고 콩, 양파, 미역, 다시마, 두부, 계란 등 저칼로리 음식으로 식단을 조절하는 것이 좋다. 복부비만에 좋은 운동은 유산소 운동으로 줄넘기나 조깅, 등산 등이 효과적이다. 어느 정도 체중조절에 성공했다면 근력운동을 통해 부족한 근육량까지 보완한다면 건강과 활력을 찾을 수 있을 것이다.

알아두면 유익한 정보마당

허리둘레 알기 캠페인

건강수명을 지키기 위해서는 단순히 체중만 관리해서는 안 된다. '얼마나 무겁나' 보다는 '적정한 몸을 유지하고 있는지'가 관건이기 때문이다. 간편하게 측정할 수 있는 허리둘레 관리는 복부비만을 줄이는 첫걸음이다. 대한비만학회가 발표한 '복부비만 기준'은 남성은 90cm(36인치), 여성은 85cm(34인치)다. 또 복부비만을 결정하기 위해 배 둘레를 잴 때는 일반적으로 생각하는 하의 치수가 아닌 '배꼽 윗부분'을 측정한다. 양 발을 30cm 가량 벌린 후 숨을 편안히 내쉰 상태에서 갈비뼈 가장 아래부터 골반의 가장 높은 위치 사이, 즉 그 중간 부위를 줄자로 느슨하게 잰다.

83.6%가 장례 방법으로 화장 선호

선호 장례 방법

(단위: %)

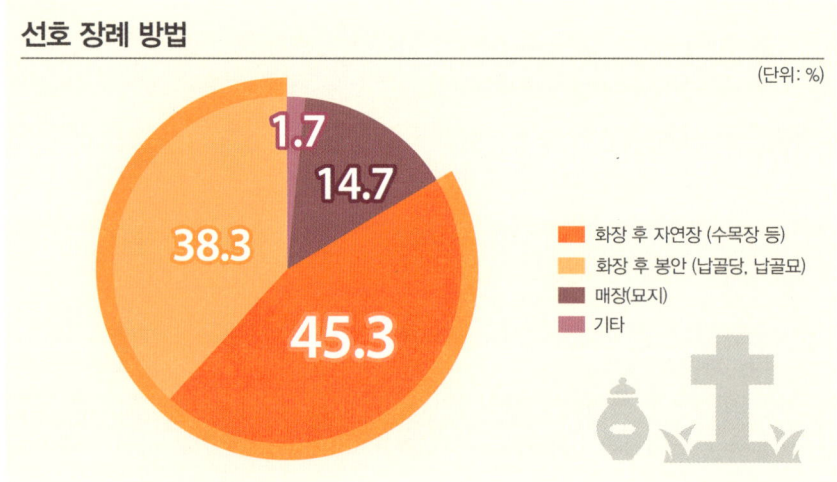

- 🟧 화장 후 자연장 (수목장 등)
- 🟨 화장 후 봉안 (납골당, 납골묘)
- 🟫 매장(묘지)
- 🟪 기타

1.7
14.7
38.3
45.3

(자료: 통계청, 사회조사 결과, 2013)

지역별 선호 장례 방법

(단위: %)

🟧 도시　🟨 농촌

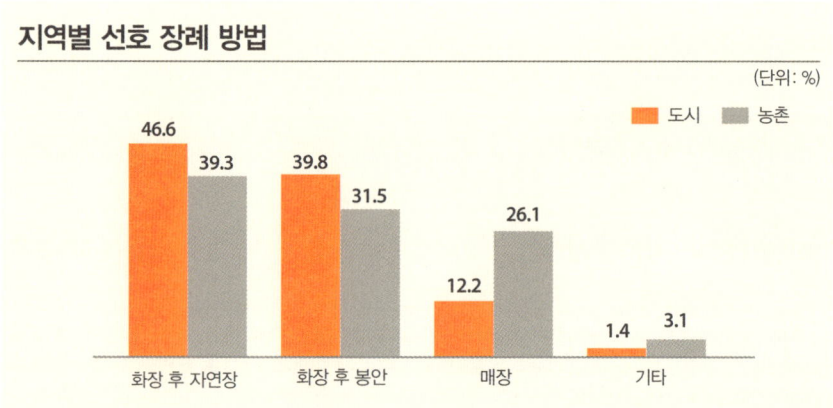

	화장 후 자연장	화장 후 봉안	매장	기타
도시	46.6	39.8	12.2	1.4
농촌	39.3	31.5	26.1	3.1

(자료: 통계청, 사회조사 결과, 2013)

전통적 매장보다 합리적인 화장

교직에서 은퇴한 윤 모(63)씨는 이번에 오랫동안 지병을 앓다 돌아가신 아버지의 장례 방식으로 화장을 선택했다. 추모공원에 모신 아버지의 작은 봉안함을 보며 가슴이 먹먹해졌지만, 함께 온 부인과 자녀들을 보며 마음을 다잡았다. 물려받은 선산(先山)도 없는 데다 우리나라처럼 좁은 국토에 굳이 비싼 돈을 써가며 전통적인 매장방식을 선택할 이유가 없었다. 근교의 추모공원에 모시면 가족들도 그리울 때마다 찾아오기가 더 좋을 거란 생각이 들었다. 절차 또한 훨씬 간소했다. 점점 많은 사람들이 화장을 선택하고 있고, 이는 합리적인 선택으로 여겨지고 있다.

통계청에 따르면 선호하는 장례방법으로 화장 후 자연장이 45.3%, 화장 후 봉안이 38.3%로 총 83.6%가 화장을 선호한다는 것을 알 수 있다. 또한 보건복지부 조사에 따르면 2012년도 전국 화장률은 74.0%에 달한다. 장례를 치르는 10명 중 7명이 화장을 선택했다는 얘기다. 이는 20년 전인 1992년의 화장률 18.4%에 비해 약 4배 이상 증가한 수치다. 또 지역별로 농촌은 26.1%가 매장을 선호하는 반면 도시는 12.2%에 머물렀다. 향후 인구 고령화, 가족구조 변화, 후손의 관리 편의, 매장공간 부족 등으로 화장률은 더욱 증가할 것으로 예상된다. 유종의 미를 거두기 위해 웰다잉의 마지막 절차인 장례문화도 여러 대안을 미리 고민해 볼 필요가 있다.

알아두면 유익한 정보마당

기본적인 장례절차 (3일장 기준)

임종을 하면 가정 또는 장례식장에서 장례절차를 진행하게 되는데 특별한 사정이 없는 한 3일장이 기본이나, 장례절차는 종교(기독교식, 불교식 등)나 형편에 따라 차이가 있다. 일반적인 장례절차는 사망 후 당일 수시를 행하고, 사망 다음날 습이 끝나면 바로 소렴을 한 후 입관까지 하게 돼 염습 과정이 2일째 한꺼번에 이루어지고, 3일째는 발인을 하게 된다.

병치레 기간과 의료비

건강수명이란?
전체 평균수명에서 질병이나 부상으로 고통받는
기간을 제외하고 건강한 삶을 유지하는 기간

건강 기간   병치레 기간 (5~10년)

생애주기별 1인당 연령별 의료비용

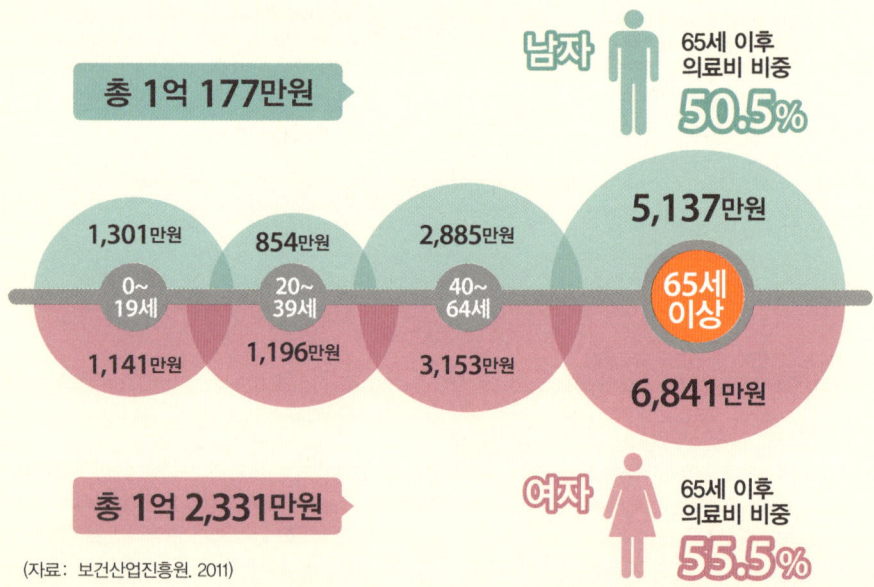

남자   65세 이후
의료비 비중
50.5%

총 1억 177만원

1,301만원   854만원   2,885만원   5,137만원

0~19세   20~39세   40~64세   65세 이상

1,141만원   1,196만원   3,153만원   6,841만원

총 1억 2,331만원

여자   65세 이후
의료비 비중
55.5%

(자료: 보건산업진흥원. 2011)

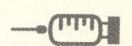

병을 가지고
오래 사는
유병장수
리스크

은퇴 후
의료비 지출
증가

병치레 기간을 대비한
보장성보험

"나에게 혼자 파라다이스에서 살게 하는 것보다
더 큰 형벌은 없을 것이다"

− 괴테 −

F.R.I.E.N.D.S |

가족과 친구

화목 · 자녀 · 사랑 · 우정 · 행복

서로 부담되는
부모 부양 vs 자녀 동거

서로 부담되는 부모 부양 vs 자녀 동거

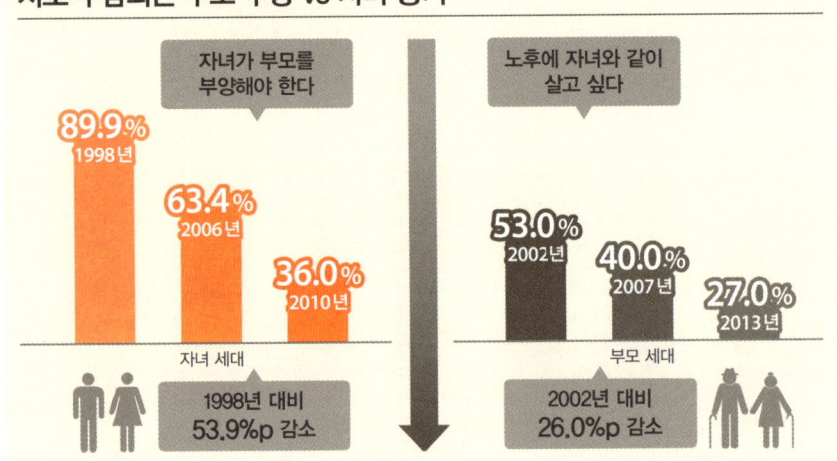

자녀가 부모를 부양해야 한다

89.9% 1998년

63.4% 2006년

36.0% 2010년

자녀 세대

1998년 대비 53.9%p 감소

노후에 자녀와 같이 살고 싶다

53.0% 2002년

40.0% 2007년

27.0% 2013년

부모 세대

2002년 대비 26.0%p 감소

(자료: 통계개발원, 통계청, 사회조사 2013)

60세 이상 '빈 둥지 가구' 비중 변화

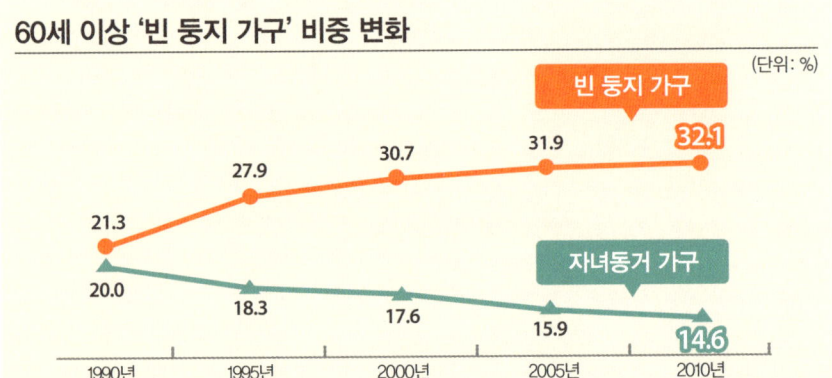

(단위: %)

빈 둥지 가구

21.3
27.9
30.7
31.9
32.1

자녀동거 가구

20.0
18.3
17.6
15.9
14.6

1990년 1995년 2000년 2005년 2010년

(자료: 통계청, 2013)

애들 눈치, 시집살이 NO! 부부 중심 노후 생활 대세

김 모(55)씨는 올해 외아들 결혼 준비를 하며 아내와 여러 이야기를 나눴다. 특히 엄청난 부담이 되는 아들내외의 신혼집 마련으로 고민하던 중 함께 사는 것은 어떤지 말을 꺼냈다가 아내에게 핀잔만 들었다. "요즘 애들이 어디 시부모랑 같이 살려고 하겠어요? 나도 그건 불편하고… 요즘 세상에 괜한 시집살이 시키지 말고 각자 편하게 살아요."

노후 설계는 기본적으로 부부 중심으로 고려해야 한다. 과거 장남을 중심으로 노부모를 부양하던 대가족의 개념이 사라진 지 오래기 때문이다. 1998년 통계청 조사에서 자녀세대 응답자 중 90%가 '자녀가 부모를 부양해야 한다'고 답했지만, 이는 2010년 1/3수준인 36%로 줄었다. 그러나 이를 반드시 불효라거나 극단적인 개인주의라고 단정지을 수는 없다. 부모 입장에서도 노후는 독립적으로 보내고 싶어하기 때문이다. 그 예로 2002년 부모 세대의 절반(53%)이 '노후에 자녀와 같이 살고 싶다'고 답했지만, 2013년에는 이 또한 27%로 떨어졌다.

특히 베이비부머의 대부분은 노부모를 부양하며 살아왔지만 막상 자신의 노후는 자녀에게 의존하지 않는 전형적인 샌드위치 세대다. 따라서 자녀로부터 독립할 수 있는 부부 중심의 노후준비를 해야 한다.

알아두면 유익한 정보마당

빈 둥지 증후군 (Empty Nest Syndrome)

자녀들이 취업이나 결혼으로 분가하고 노부부만으로 구성된 가구를 뜻하는 '빈 둥지 가구'가 늘면서, 자신이 빈 껍질 신세가 되었다는 심리적인 불안상태에 놓이는 '빈 둥지 증후군'이 늘어나고 있다. 서울대 한경혜 교수에 따르면 베이비붐 이전 세대는 빈 둥지 기간이 1.4년에 불과했지만 베이비붐 세대는 19.4년으로 늘어났다고 한다. 40~50대 여성에게 흔히 발생하고, 방치하면 우울증으로 악화될 수도 있는 빈 둥지 기간을 현명하게 이겨내는 준비가 필요하다.

자립심 없는 캥거루족!
부모 고통 가중

자녀부양 종료 예상시기

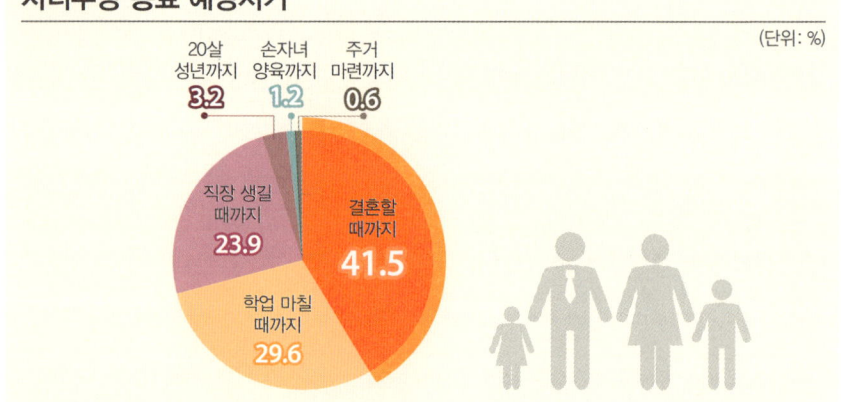

(단위: %)

- 20살 성년까지 3.2
- 손자녀 양육까지 1.2
- 주거 마련까지 0.6
- 직장 생길 때까지 23.9
- 결혼할 때까지 41.5
- 학업 마칠 때까지 29.6

베이비부머가 경제적 지원을 하는 캥거루족 성인자녀의 주요 특성

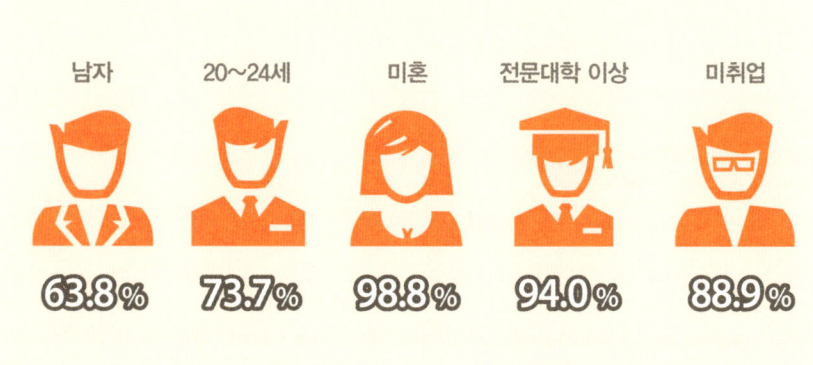

남자	20~24세	미혼	전문대학 이상	미취업
63.8%	73.7%	98.8%	94.0%	88.9%

(자료 : 한국보건사회연구원, 2010)

캥거루족, 부모와 자식 둘 다 망친다

은퇴한 김 모(63)씨의 유일한 걱정은 막내아들이다. 서른을 훌쩍 넘긴 나이에도 구직활동을 하기는커녕 친구와 술을 마시거나 온종일 집에서 게임만 하며 노는 아들. 아르바이트를 하는 것도 아니고 김씨 부부에게 매번 용돈을 타서 쓴다. 철없는 아들 때문에 부모의 가슴은 타들어가지만 어찌할 수 없는 노릇이다.

부모에게 기대 사는 캥거루족이 늘어나고 있다. 어미 캥거루의 주머니에서 보살핌을 받으며 살아가는 아기 캥거루의 습성을 빗댄 말이다. 최근에는 성인자녀가 집으로 돌아온다는 연어족, 부모의 자산을 빨아먹는다는 빨대족 등으로도 불리고 있다. 이는 취업이 어려운 우리 사회의 구조적 문제와 의욕 상실, 자포자기 등 자녀 세대도 원인이 있겠지만, 자녀를 돕는 것이 당연하다고 생각하는 부모세대 또한 책임이 있다. 한국보건사회연구원 설문조사결과 결혼할 때까지 자녀를 보살피겠다는 의견이 41.5%였으며, 학업 종료(29.6%), 구직(23.9%)까지 자녀부양을 하겠다고 답했다.

성인자녀에 대한 부양은 부모세대에게 있어 엄청난 부담이다. 자녀 사랑도 좋지만, 결국 자녀는 부모를 먼저 떠나 보내고 자립해야 하는 때가 온다. 오랜 격언처럼 '물고기를 주지 말고 물고기 잡는 법을 가르쳐야' 할 필요가 있다.

알아두면 유익한 정보마당

국가별 캥거루족 명칭

캥거루족은 한국뿐 아니라 세계 각국에서도 다양한 형태로 나타나고 있다. 미국에서는 이도 저도 아닌, 중간에 낀 세대라 하여 '트윅스터(twixter)'로 부른다. 또 이탈리아에서는 어머니가 해주는 음식에 집착하는 사람을 일컫는 '맘모네(mammone)', 영국에서는 부모의 퇴직연금을 축내는 '키퍼스(kippers)', 캐나다에서는 직장 없이 이리 저리 떠돌다 집으로 돌아와 생활하는 '부메랑 키즈(boomerang kids)'라고 한다. 일본에서는 돈이 급할 때만 임시로 취업해 자유(free)와 아르바이트(arbeit)의 합성어로 '프리터(freeter)' 등으로 부른다.

2035년 1인 가구 34.3%

가구원 수별 가구수 변화

(단위: 천 가구)

■ 2010년　■ 2035년

1인 가구
7,628 (34.3%)
4,142 (23.9%)

2인 가구
7,579 (34.0%)
4,205 (24.2%)

4인 가구
3,898 (22.5%)
2,190 (9.8%)

(자료: 통계청 인구총조사, 장래가구추계, 2010)

가구별 평균 가구원 수 추이

(단위: 명)

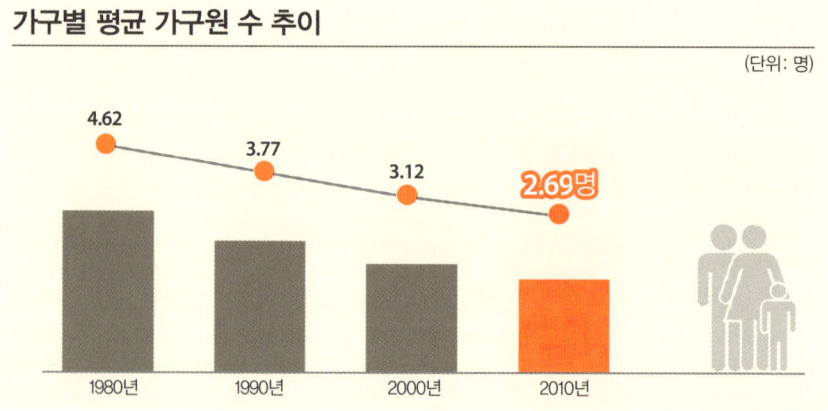

1980년	1990년	2000년	2010년
4.62	3.77	3.12	2.69명

(자료: 한국보건사회연구원, 2012)

나 혼자 산다! 급증하는 싱글족

직장경력 10년차 여성인 나 모(36)씨는 싱글족이다. 아직 맘에 드는 결혼상대를 만나지 못했고, 떠밀려 하는 결혼은 하고 싶지 않아 싱글라이프를 즐기게 됐다. 그녀는 각종 사교모임과 취미활동, 필라테스, 여행 등 자신을 위한 투자에는 아낌없이 쓴다. 다만 혼자 살다 나이들어 노후를 어떻게 보내야 할지 생각하면 걱정이다.

통계청에 따르면 2010년 1인 가구의 비중은 23.9%로 4인 가구(22.5%)를 추월했으며, 2035년에는 34.3%로 세 가구 중 한 가구가 1인 가구가 될 전망이다.

이들이 혼자 사는 주요 이유는 연령대별로 차이를 보였다. 20~30대는 직장과 학업, 40~50대는 자유로운 삶 등 본인의 자의적 가치관이 많이 포함됐다. 그러나 60대 이상에서는 사별과 자녀독립과 같이 가족 구성원과의 타의적 이별을 주요 이유로 꼽았다. 이들은 혼자 살 때 힘든 점으로 가사일과 경제적 불안 등을 꼽았으며, 나이가 들수록 아플 때 간호해줄 사람이 없다는 것을 힘들어 했다.

알아두면 유익한 정보마당

솔로 이코노미(Solo Economy)

1인 가구를 겨냥한 상품 및 서비스 시장을 뜻하는 신조어. 가치관의 변화 등 다양한 원인으로 1인 가구가 급속히 늘어났고, 이들이 새로운 소비시장을 형성하자 기업들이 이를 겨냥해 제품을 생산, 판매하는 현상을 말한다. 2007년 다보스포럼에서 '교육수준이 높고 전문성을 지닌 20~30대 싱글들이 새로운 소비층으로 부상함에 따라 이들을 대상으로 한 비즈니스 모델이 필요하다' 고 소개하면서 솔로 이코노미에 대한 개념이 형성됐다.

1인 가구

늘어나는 싱글족

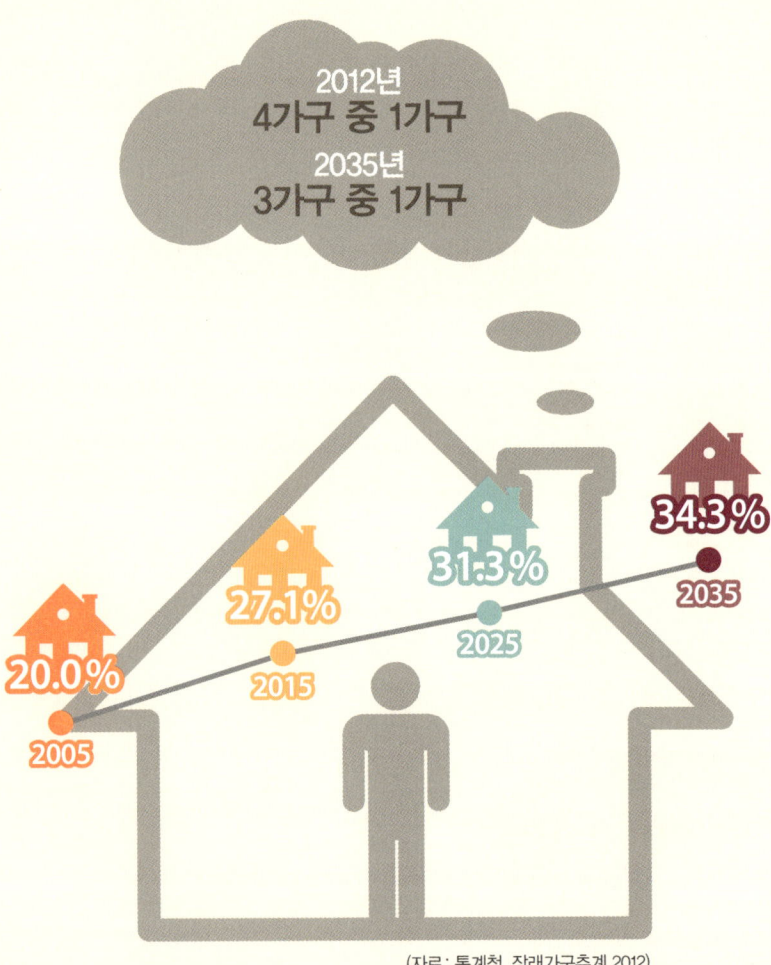

2012년
4가구 중 1가구

2035년
3가구 중 1가구

34.3%
2035

31.3%
2025

27.1%
2015

20.0%
2005

(자료 : 통계청, 장래가구추계 2012)

가구원 수별 빈곤율

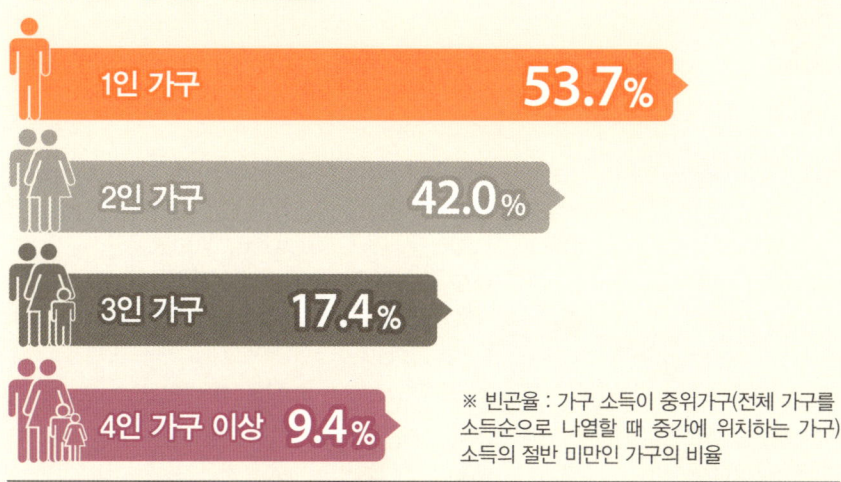

- 1인 가구 **53.7%**
- 2인 가구 **42.0%**
- 3인 가구 **17.4%**
- 4인 가구 이상 **9.4%**

※ 빈곤율 : 가구 소득이 중위가구(전체 가구를
소득순으로 나열할 때 중간에 위치하는 가구)
소득의 절반 미만인 가구의 비율

(자료: 통계청, 2013)

1인 가구 생활의 장단점

(단위: %)

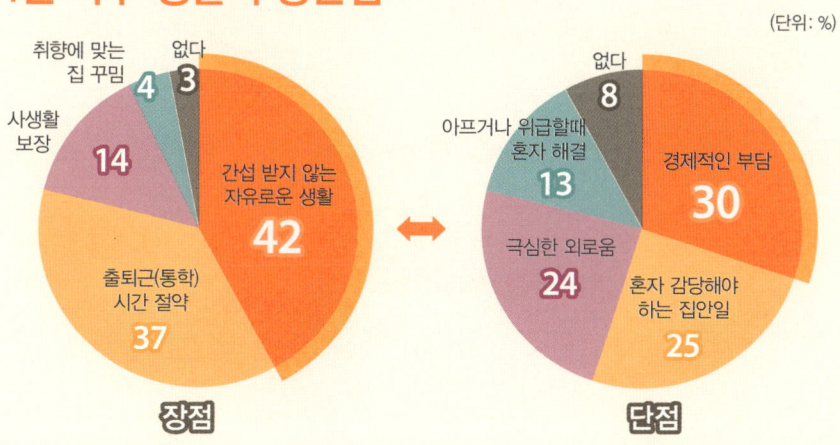

장점
- 간섭 받지 않는 자유로운 생활 42
- 출퇴근(통학) 시간 절약 37
- 사생활 보장 14
- 취향에 맞는 집 꾸밈 4
- 없다 3

단점
- 경제적인 부담 30
- 혼자 감당해야 하는 집안일 25
- 극심한 외로움 24
- 아프거나 위급할때 혼자 해결 13
- 없다 8

(자료: 이음 싱글생활연구소, 2013)

독거노인 고독사 증가
5명 중 1명 '나홀로 산다'

65세 이상 독거노인 현황과 추정치

■ 65세 이상 독거노인 수　　●━ 전체 노인 중 독거노인 비율

연도	2000	2010	2011	2012	2020	2030
65세 이상 독거노인 수	54	106	112	119만 명	175	282만 명
전체 노인 중 독거노인 비율	16.0%	19.4%	19.9%	20.2%	21.6%	22.2%

(자료: 통계청 장래인구추계, 2012)

무연고 사망자 추이

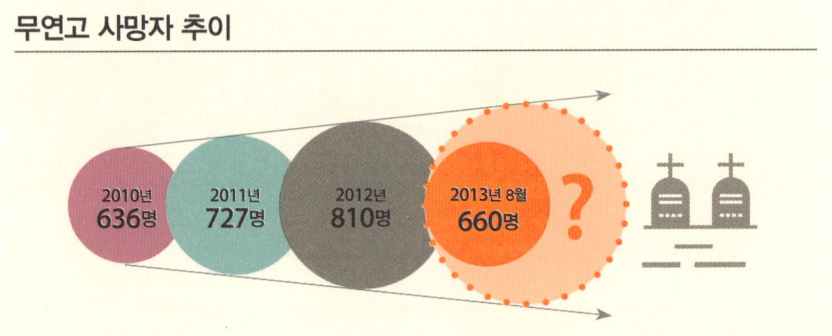

2010년 636명　2011년 727명　2012년 810명　2013년 8월 660명 ?

(자료: 서울시의회 도시안전위원회, 보건복지부, 각 년도)

살아서도 혼자, 죽어서도 혼자… 무연고 고독사 증가

2010년 1월 일본 NHK가 방송한 '무연사회(無緣社會):무연사 3만 2천 명의 충격' 특집 다큐멘터리 방송은 큰 파장을 일으켰으며, 일본사회가 고독사에 주목하게 된 계기가 됐다. 일본 자료에 따르면 독신가구가 늘면서 무연고 고독사가 점점 증가하고, 65세 미만에서도 점차 증가하고 있다.

우리나라에서도 외롭게 고독사(孤獨死)하는 사람이 증가하고 있다. 우리나라의 65세 이상 1인 가구, 즉 독거노인은 2012년 119만 명으로 전체 65세 이상 노인의 20% 수준이며, 계속 늘어날 것으로 전망된다.

문제는 혼자 사는 노인들이 질병이나 급환을 얻을 경우 이들을 돌볼 사람이 없어 고독사로 이어질 수 있다는 것이다. 우리나라 고독사 인원은 2010년 636명에서 2012년에 810명으로 증가했다(2013년은 8월까지 660명). 고독사의 대부분은 사망 후 시간이 지나서 발견되는 경우가 많고, 연고가 없거나 별거하는 가족들이 경제적 이유 등으로 시신 인수를 거부하고 있어 쓸쓸한 최후로 이어지게 된다. 1인 가구 증가에 따라 고독사 문제는 더욱 심각해질 전망이며, 사회적 대책이 시급하다.

알아두면 유익한 정보마당

무연고 사망자 처리

장사 등에 관한 법률 제12조에 따르면 지방자치단체장은 연고자가 없거나 알 수 없는 무연고 사망자가 발생하면 일정 기간 공고를 거쳐 시체를 처리해야 한다. 만약 유족이 인수를 거부하거나 유족이 나타나지 않을 경우는 시체를 처리한 뒤 10년간 납골, 안치하고 이후에는 집단 매장하도록 규정하고 있다. 한편, 정부는 2012년 6월부터 무연고 독거노인 사망자 장례의례서비스 체계를 갖추고 지방자치단체와 함께 사업을 진행하고 있다.

여성 72%,
늙은 남편이 부담된다

수명 연장과 부부 갈등

(단위: %)

'수명이 길어지면
여성의 남편 돌봄
기간이 길어져 갈등
이 발생할 수 있다'
고 생각하십니까?

남자
- 전적으로 부동의 8.3
- 전적으로 동의 16.2
- 대체로 부동의 25.3
- 대체로 동의 50.2

여자
- 전적으로 부동의 7.2
- 전적으로 동의 19.3
- 대체로 부동의 21.0
- 대체로 동의 52.5

(자료: 한국보건사회연구원, 2011)

성별 가사노동시간

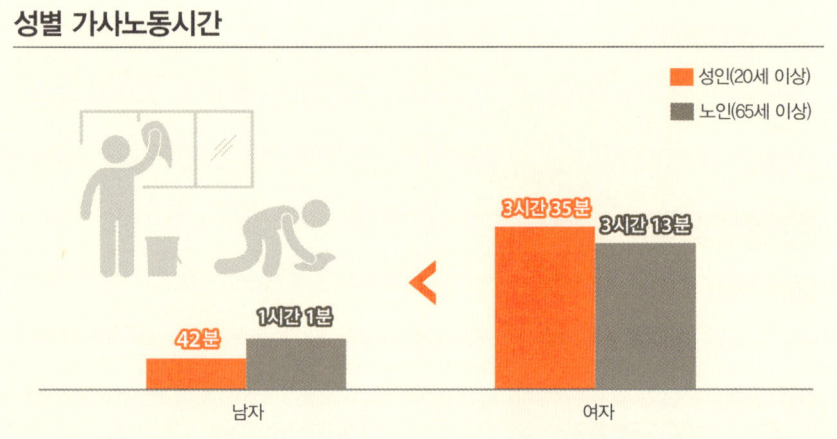

■ 성인(20세 이상)
■ 노인(65세 이상)

남자
- 42분
- 1시간 1분

여자
- 3시간 35분
- 3시간 13분

(자료: 통계청 생활시간조사, 2009)

은퇴남편증후군! 나도 예외일 순 없다

부부관계가 어떠냐에 따라 남은 노후 생활의 행복이 좌우된다고 할 수 있다. 남편은 회사와 일을 중심으로 살다가 퇴직 후 가정으로 돌아오면 달라진 생활환경에 적응해야 하고, 배우자와 보내는 시간이 많아지다 보면 뜻하지 않은 갈등을 겪을 수 있다. 가사노동 시간을 보면 20세 이상 남성은 하루 평균 42분, 여성은 3시간 35분으로 나타났고, 퇴직 후인 65세 이상에서도 남성은 1시간 1분, 여성은 3시간 13분으로 퇴직 전과 차이가 크지 않았다. 이 같은 노후 가사노동의 불평등은 불화로 이어질 가능성이 높다.

실제로 우리나라 여성 10명 가운데 7명 이상은 수명이 늘어나면서 늙은 남편을 돌보는 부담이 길어져 부부 간 갈등이 생길 것을 우려하는 것으로 조사됐다. "수명이 길어지면 여성의 남편 돌봄 기간이 길어져 갈등이 발생할 수 있다"고 생각하십니까? 라는 질문에 여성 71.8%가 동의했다. 남성 또한 66.4%로 다소 낮지만 유사한 답변을 보였다.

노후에 부부 간 갈등을 해소하기 위해서는 먼저 부부 간 역지사지의 자세가 필요하다. 상처 주는 언행은 피하고 상대방의 노고를 칭찬하며 서로의 자존감을 높여주는 표현을 자주 해야 한다. 아내는 퇴직한 남편이 새로운 생활에 적응할 수 있도록 적극적으로 도와줘야 하며, 반대로 남편은 그 동안 회사를 다니며 가정에 소홀했음을 인정하고 지금부터라도 아내와 상의해서 집안일을 분담하는 것이 바람직하다.

알아두면 유익한 정보마당

은퇴남편증후군(Retired Husband Syndrome)

가족보다는 일에 집중하면서 대화, 자녀양육 등 가족 구성원들과의 관계에 소극적이었던 남편들의 은퇴 때문에 아내들이 겪는 증상이다. 가족과 갈등을 겪는 등 가족 안에서 자리를 잡지 못하고 방황하거나, 지역사회 안에서도 동료를 만들지 못하는 등 부적응 증상들이 나타난다. 할 일 없는 남편들이 아내가 매 끼니를 챙겨주길 바라며 집안일 간섭하는 걸로 시간을 보내다 보니, 스트레스에 정신과 치료까지 받는 아내들이 늘면서 생긴 말이다.

황혼이혼이 신혼이혼 추월
황혼재혼도 증가

유형별 이혼 현황

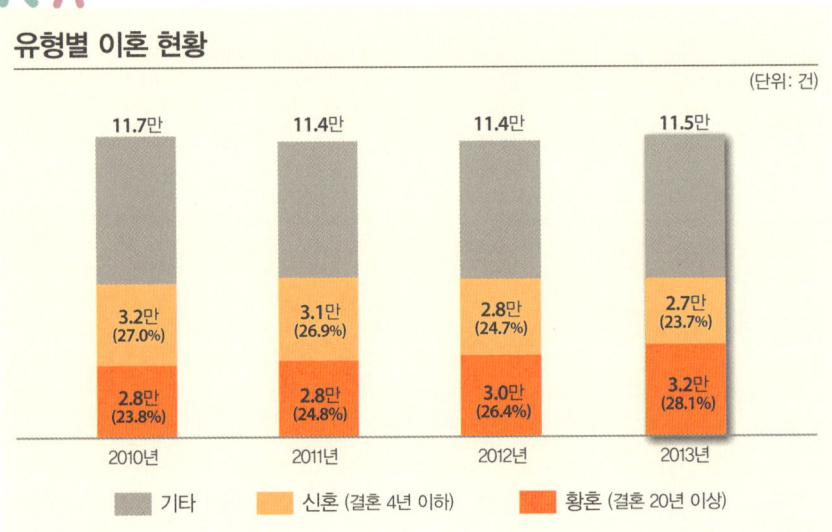

(단위: 건)

	2010년	2011년	2012년	2013년
합계	11.7만	11.4만	11.4만	11.5만
신혼 (결혼 4년 이하)	3.2만 (27.0%)	3.1만 (26.9%)	2.8만 (24.7%)	2.7만 (23.7%)
황혼 (결혼 20년 이상)	2.8만 (23.8%)	2.8만 (24.8%)	3.0만 (26.4%)	3.2만 (28.1%)

■ 기타   ■ 신혼 (결혼 4년 이하)   ■ 황혼 (결혼 20년 이상)

(자료: 통계청, 인구동향조사)

65세 이상 재혼 건수

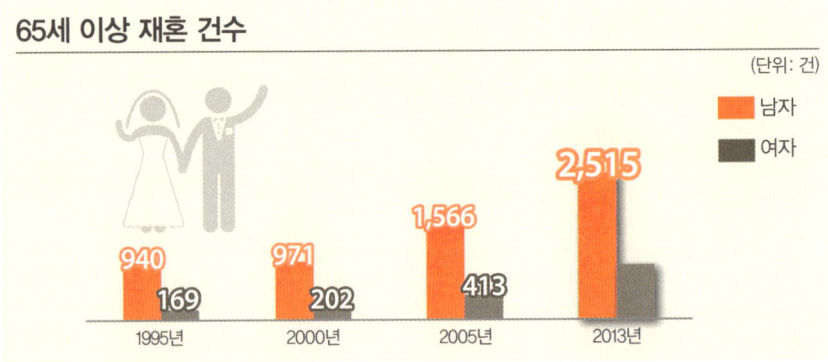

(단위: 건)

■ 남자
■ 여자

	1995년	2000년	2005년	2013년
남자	940	971	1,566	2,515
여자	169	202	413	

(자료: 통계청, 인구동향조사)

젊어지는 노인들, 새 행복 찾는 황혼재혼

성격차이 때문에 남편과 이혼한 지 10년. 자녀들을 모두 독립시키고 혼자 살고 있던 나 모(67) 여사는 오랫동안 친하게 지내던 동호회 친구에게서 '남은 인생 친구처럼 같이 살면 어떻겠냐'는 두 번째 프로포즈를 받았다. "애들 다 키우고 혼자 쓸쓸하게 보내는 것보다 건강할 때 마음이 맞고 좋은 사람과 함께 해로하는 것도 좋을 것 같다고 생각해요." 나 씨는 큰 맘 먹고 자녀들을 불러다가 재혼에 대해 얘기할 작정이다.

65세 이상 황혼재혼이 늘어나고 있다. 2013년 65세 이상 고령자의 재혼건수는 남자 2,515건, 여자 938건으로 2005년에 비해 각각 1.6배, 2.3배 증가했다. 평균수명 연장으로 노후 기간이 길고, 건강관리로 신체나이가 젊어지면서 적극적으로 노후 행복을 추구하는 사람들이 늘어나는 것이다. 반대로 황혼이혼은 늘어나고 있는데, 2012년 처음으로 황혼이혼(결혼 20년 이상)이 신혼이혼(결혼 4년 이하)을 추월했다.

그러나 현실적으로 황혼재혼에 따르는 어려움도 많다. 특히 경제적인 면에서 의견을 자세하게 교환할 필요가 있다. 돈이 재혼생활의 전부가 될 수는 없지만, 은퇴 등으로 근로소득이 중단되면 생활비 마련에 문제가 생길 수 있기 때문이다. 또 유산 배분과 관련한 자녀와의 갈등 요소도 간과하지 말아야 할 부분이다. 이 때문에 혼인신고 없이 함께 사는 경우도 많다.

알아두면 유익한 정보마당

황혼재혼 배우자의 조건은?

황혼재혼시 배우자를 고르는 조건은 젊을 때와 다를까? 일반적으로 미혼자나 30~40대 이혼자의 경우 배우자 조건으로 남성은 여성의 '외모'를, 여성은 남성의 '직업'을 최우선적으로 고려하는 경향이 있다. 그러나 한 재혼전문 결혼정보회사의 설문조사에 따르면, 황혼재혼을 고려하는 남성은 '자녀 미양육'을, 여성은 '노후 고정수입원'을 우선시하는 것으로 나타났다.

"내가 계속 일할 수 있었던 유일한 이유는
내가 하는 일을 사랑했기 때문이라 확신합니다.
여러분도 사랑하는 일을 찾으셔야 합니다.
당신이 사랑하는 사람을 찾아야 하듯 일 또한 마찬가지입니다"

– 스티브 잡스 –

F.I.E.L.D | 일거리

조직 · 일정 · 시간 · 직업 · 영역

고령자 10명 중 6명 취업 희망

고령자(55~79세) 취업 의사

계속 일하고 싶다 59.9%

노후 취업을 원하는 이유

(단위: %)

건강유지등 **3.8**

무료해서 **4.5**

일하는 즐거움 **36.9**

생활비 보탬 **54.8**

(자료: 통계청, 2013)

재취업으로 노후사고(四苦)를 이겨내자!

유통업에 종사하다 은퇴하고 집에서 쉬고 있던 채 모(62)씨는 얼마 전 모 패스트푸드 업체의 정직원으로 채용되는 기쁨을 누렸다. 무료한 삶의 활력을 찾기 위해 새로운 일자리를 찾던 중 마침 재취업지원센터를 통해 시니어 인턴십 기회를 소개 받고, 매니저로 일하게 된 것이다. 요즘 그는 주 5일 동안 매장에서 시설 및 원자재 관리·유지 업무를 하고, 젊은 직원들의 멘토 역할까지 담당하며 즐겁게 생활하고 있다.

2013년 고령자 통계를 보면 고령층(55~79세) 인구 10명 중 6명은 향후 취업을 희망하고 있는 것으로 나타났다. 특히 남자 고령층의 취업 희망비율은 73.9%로 여자 고령층 47.7%보다 훨씬 높게 나타났다. 그러나 고령자층이 충분히 경제활동을 이어갈 수 있는 의욕과 신체적 조건을 갖추고 있는 데도 불구하고, 은퇴 이후 다시 일할 곳을 찾기란 쉽지 않다. 하지만 눈높이를 낮추고, 부지런히 발품을 팔아 네트워크를 활용하면 재취업이 아예 불가능하진 않다.

노후에 경험하게 되는 사고(四苦) 즉, 병고(病苦), 빈곤고(貧困苦), 무위고(無爲苦), 고독고(孤獨苦)에 대한 준비 중 어느 하나라도 부족하다면 은퇴 후 재취업에 적극 도전해 보자.

알아두면 유익한 정보마당

성공적인 시니어 재취업을 위한 십계명

1. 가족들에게 구직하고 있음을 고백하라
2. 주변에 도움을 청하라
3. 자존심을 버려라
4. 적극적으로 배워라
5. 끈기 있게 도전하라
6. 과거는 잊어라
7. 소득이 많고 적음을 생각하지 마라
8. 체력을 키워라
9. 긍정적으로 대하라
10. 자신감을 가져라

노후의 일자리는 돈이 전부가 아니다

고령층(55~79세) 일자리 선택기준

(단위: %)

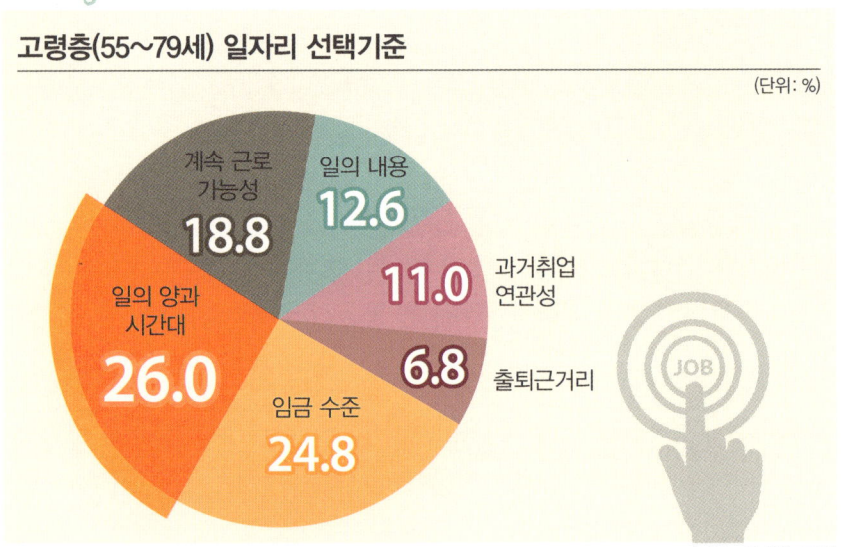

- 계속 근로 가능성 **18.8**
- 일의 내용 **12.6**
- 과거취업 연관성 **11.0**
- 출퇴근거리 **6.8**
- 임금 수준 **24.8**
- 일의 양과 시간대 **26.0**

(자료: 통계청, 2013)

60세 이상 근로자 급여수준

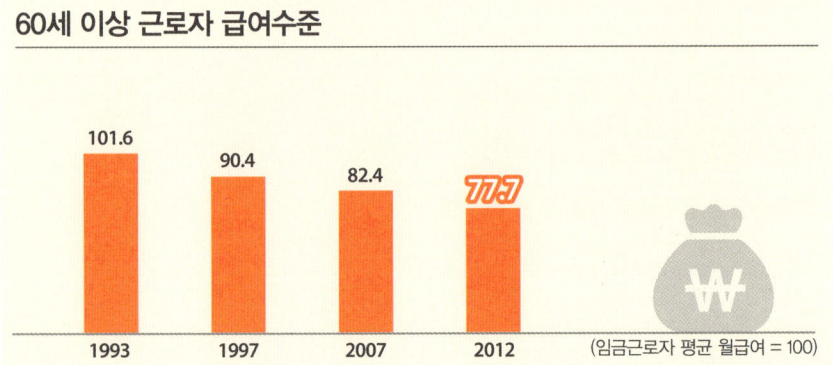

1993	1997	2007	2012
101.6	90.4	82.4	77.7

(임금근로자 평균 월급여 = 100)

(자료: 통계청, 2012)

일자리 선택기준의 변화

주로 고령자들을 고용해 중소업체들의 야간 경비업무를 대행하고 있는 업체의 조 모(55) 사장은 요즘 고민이 많다. 업종의 특성상 밤샘 근무가 빈번한데, 건강에 무리가 간다는 생각에 과거와 달리 경비직을 꺼리는 것이다.

최근 들어 고령자들의 일자리 선택 기준이 변하고 있다. 2013년 고령자 통계를 보면 고령층의 일자리 선택 기준은 '일의 양과 시간대'가 26.0%로 가장 높았고, '임금 수준'이 24.8%, '계속 근로 가능성' 18.8%가 뒤를 이었다. 한편 고령층의 급여수준은 전체 평균 대비 점차 하락하는 것으로 조사됐다. 임금근로자의 전체 평균 급여를 100으로 봤을 때 2012년 60세 이상 근로자의 급여 수준은 77.7에 머물렀다.

꼭 급여가 높지 않더라도 일을 계속할 수 있는 길은 얼마든지 열려 있다. 노후에 뭔가 의미 있는 일을 하면서 건강하고 활기찬 생활을 영위해 나가기 위해서는 무엇보다 자신에게 맞는 일자리를 찾는 노력이 필요하다.

알아두면 유익한 정보마당

장년취업인턴제 지원사업

- **참여 자격은?**
  - 인턴참여자 : 미취업 상태에 있는 51세 이상 신청자
  - 인턴 실시기업 : 「고용보험법」상 '우선지원 대상기업'으로 상시근로자 5인 이상 사업장
- **정부지원 내용은?**
  - 실시기업에 대해서는 인턴 1인당 약정 임금의 50%(월 80만원 한도)를 인턴기간(최대 4개월) 동안 지원
  - 실시기업이 인턴생을 정규직으로 채용하는 경우 월 65만원씩 6개월 동안 지원
- **어디서 신청하나요?**
  - 노동부에서 지정한 전국 68개 운영기관에서 신청

남은 인생은 길고, 취직은 어려워… 노후 알바족 늘어난다

중 · 장년층 이력서 등록 건수

(단위: 건)

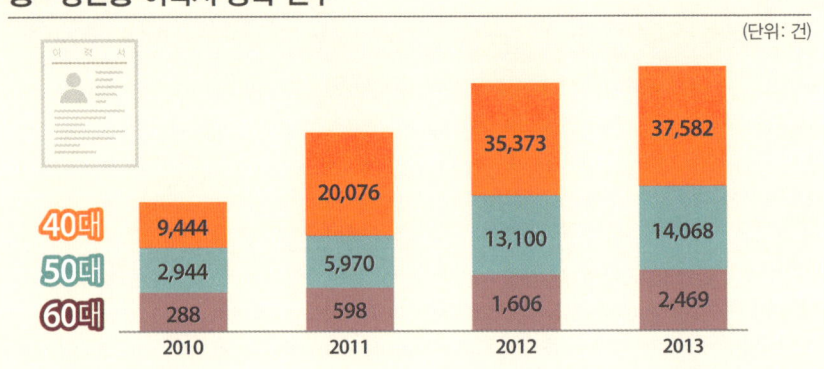

	2010	2011	2012	2013
40대	9,444	20,076	35,373	37,582
50대	2,944	5,970	13,100	14,068
60대	288	598	1,606	2,469

(자료: 알바천국, 2013)

연령별 비정규직 근로자 (2014.03)

(단위: 천 명)

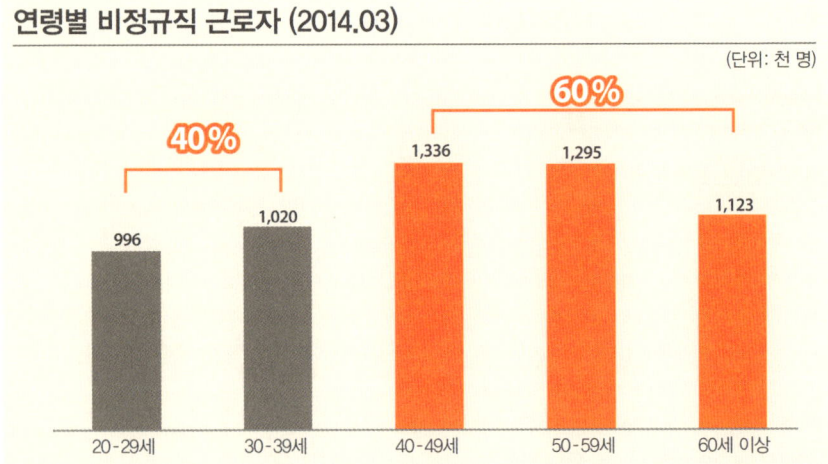

20-29세	30-39세	40-49세	50-59세	60세 이상
996	1,020	1,336	1,295	1,123

40% / 60%

(자료: 통계청, 경제활동 인구조사 2014)

머리 희끗희끗 '노후 알바족' 급증

서울 시내 한 베이커리에서 온종일 카운터를 지키는 배 모(64)씨는 이제 일을 시작한 지 막 한 달이 지난 '새내기 아르바이트생'이다. 최근 들어 이런 '노후 알바족'을 주위에서 어렵지 않게 찾을 수 있다.

아르바이트 구인·구직 포털 알바천국이 집계한 2013년 아르바이트 동향 자료에 따르면, 60세 이상 구직자가 등록한 이력서는 최근 3년 사이 8배나 늘어난 것으로 조사됐다. 2010년 288건에 불과하던 60대의 이력서 등록 건수는 2013년 2,469건으로 급격히 증가했다. 40~50대 또한 꾸준히 증가하고 있다. 통계청 조사결과 또한 지난해 대비 2014년의 비정규직 근로자가 40대 이상 중·장년층 중심으로 증가했음을 보여주고 있다.

아르바이트는 이제 더 이상 10대와 20대만의 전유물이 아니다. 이제는 중·장년층과 노인들이 아르바이트에 대거 합류하고 있다. 이는 1950년대에 태어난 베이비붐 세대의 은퇴와 고령화가 맞물리면서, 노후생계비를 위해 중장년층의 구직활동이 활발해지고 있기 때문이다.

알아두면 유익한 정보마당

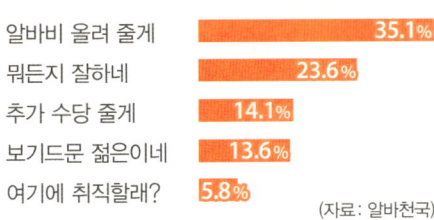

고용주에게 가장 상처 받는 말은?

알바비 늦게 줘도 되지?	22.8%
일을 이거밖에 못해?	20.8%
일할 다른 사람 많아	18.2%
주말에 좀 나와	11.7%
불만 있으면 나가	11.7%

고용주에게 가장 듣고 싶은 말은?

알바비 올려 줄게	35.1%
뭐든지 잘하네	23.6%
추가 수당 줄게	14.1%
보기드문 젊은이네	13.6%
여기에 취직할래?	5.8%

(자료: 알바천국)

창업이 만만?
중장년 경쟁 치열

연령대별 자영업자 수

(단위: 천 명)

20대	30대	40대	50대	60대
149	853	1,774	1,669	1,298

(자료: 통계청, 2012)

연령대별 직업군 분포

(단위: %)

■ 상용근로자　■ 자영업자

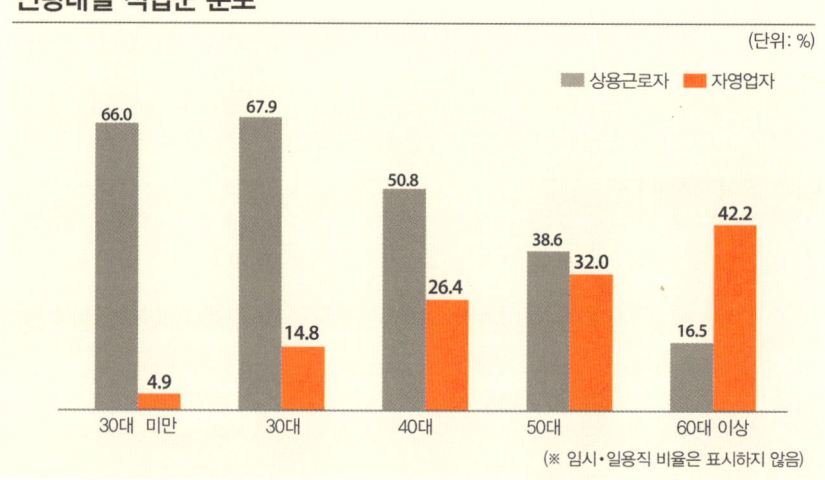

	30대 미만	30대	40대	50대	60대 이상
상용근로자	66.0	67.9	50.8	38.6	16.5
자영업자	4.9	14.8	26.4	32.0	42.2

(※ 임시·일용직 비율은 표시하지 않음)

(자료: 통계청, 2012)

은퇴 후 창업 러시… 다시 한번 생각을

조기 은퇴 후 재취업을 하기 위해 애쓰던 김 모(52)씨는 자의반 타의반 창업에 도전해 보기로 했다. 그러나 그는 한 프랜차이즈 창업박람회에 참석했다가 깜짝 놀랐다. 참석자가 너무 많아 앉을 자리도 여의치 않았고, 10명 중 6~7명 가량은 자신과 비슷한 또래였기 때문이다. 은퇴나 조기 퇴직 후 창업을 하는 경우가 크게 늘었다고 한다. 고민 끝에 김씨는 결국 창업의 꿈을 접고 다시 7전8기의 자세로 재취업을 하기로 결심했다.

우리나라 은퇴자들은 은퇴 후 재취업을 희망하지만, 재취업하기 적합한 양질의 일자리를 찾기는 매우 어렵다. 그 대안으로 먹고 살기 위해 거의 비자발적으로 생계형 창업을 하는 것이다. 자영업자 중 30%인 177만 명은 40대지만, 50대(29.1%)와 60대(22.6%) 또한 많다. 상용근로자는 연령대가 높아질수록 비중이 점차 줄어들지만, 자영업자는 반대로 60대 이상에서 그 비중이 42.2%로 가장 높게 나타났다. 치열한 자영업 경쟁, 지금이라도 창업을 꿈꾼다면 철저한 준비와 신중한 판단으로 위험을 줄여나가는 노력이 절실하다.

알아두면 유익한 정보마당

창업을 할 것인가? 재취업을 할 것인가?

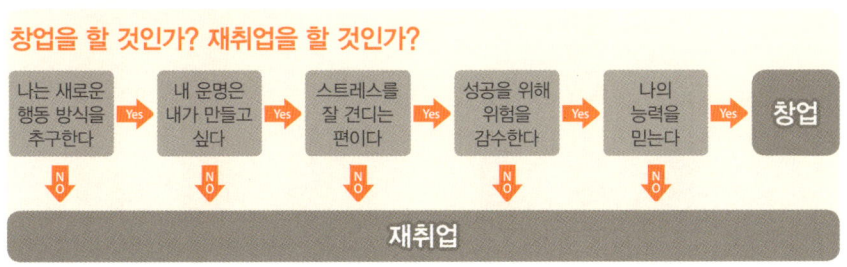

(자료: 동아일보, 2013 기사 재인용)

5가구 중 1가구 자영업, 생존율 낮아

자영업자 특성

5가구 중
1가구

평균연령
53.2세

순자산
3억 5천

1인 자영업
10명 중
8명

(자료: 통계청 2012)

전체 부도 자영업자 중 연령별 비율

(단위: %)

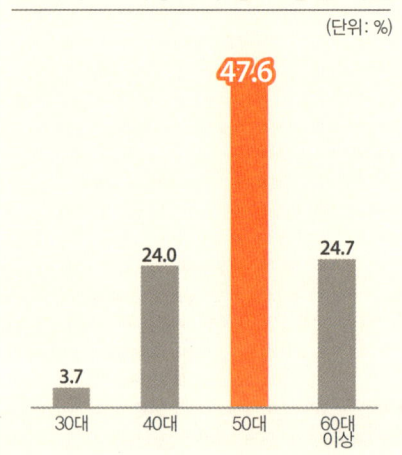

- 30대 3.7
- 40대 24.0
- 50대 47.6
- 60대 이상 24.7

(자료: 금융결제원, 2013)

기간별 휴·폐업률 현황

(단위: %)

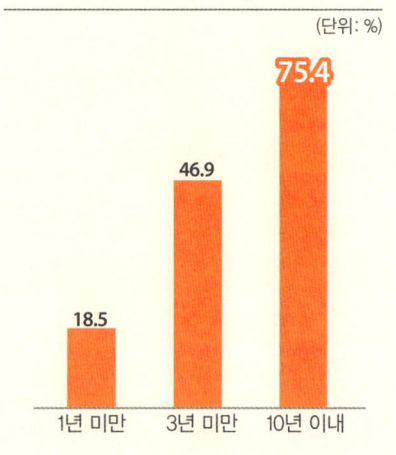

- 1년 미만 18.5
- 3년 미만 46.9
- 10년 이내 75.4

(자료: KB국민카드, 2011)

자영업자는 자영업자와 생존경쟁한다

중소기업에 다니던 김 모(53)씨는 퇴직 후 인근아파트 상가에 프랜차이즈 피자 전문점을 차렸다. 그는 퇴직금을 몽땅 털어 창업에 나섰는데, 장사가 좀 되는가 싶더니 1년이 채 되지 않아 유사한 업종의 가게가 우후죽순 들어섰다. 적자가 계속되자 결국 김씨는 2년 만에 가게를 정리했다.

많은 40~50대가 성공을 꿈꾸며 은퇴 후 소규모 창업을 하지만, 문제는 자영업자의 생존율이 매우 낮다는 데 있다. 2011년 KB국민카드의 조사 결과를 보면, 10년 동안 창업한 자영업자 100명 가운데 75명이 가게 문을 닫았다. 특히 창업 뒤 3년 안에 문을 닫은 자영업자가 47%에 달해 창업자의 절반이 채 3년도 버텨내지 못한 것으로 드러났다. 무엇보다 심각한 것은 최근 퇴출되는 업체의 절반 이상이 은퇴한 베이비부머가 주로 창업한 도소매업과 음식업 등 생활밀착형 업종이라는 것이다.

결국 자영업자의 생존율을 높이기 위해서는 자영업자 본인 스스로의 경쟁력을 높여야 한다. 창업에 앞서 충분한 준비가 선행되어야 하는 것이다. '할 게 없으니 장사라도 해야지'라는 '묻지마' 창업이 아닌 창의적이고 차별화된 창업 아이템이 경쟁력이다.

알아두면 유익한 정보마당

소상공인연합회

상대적으로 대형 그룹이나 프랜차이즈와의 경쟁에서 불리한 소상공인을 보호하기 위한 연합회. 2011년 말 국회를 통과한 '소기업 소상공인 지원에 관한 특별법'은 소상공인 단체를 법제화하고 소상공인 지원을 위한 별도의 기금을 조성하도록 했다. 2014년 4월 중소기업청이 소상공인연합회의 설립을 최종 허가했으며, 소상공인의 권익 보호를 위해 일하고 있다.

자영업자, 10명 중 3명
노후준비 '없음'

자영업자 노후준비 현황

자영업자 노후준비 유무
(단위: %)

없음
26.9

있음
73.1

자영업자의 노후대비 자산별 보유여부
(단위: %, 중복응답)

공적연금	개인연금	예금적금	부동산	기타
45.0	18.7	15.4	20.5	5.2

(자료: 통계청, 2012)

상용근로자 vs 자영업자 가구의 소득 · 부채 현황

(단위: 만원)

■ 상용근로자　■ 자영업자

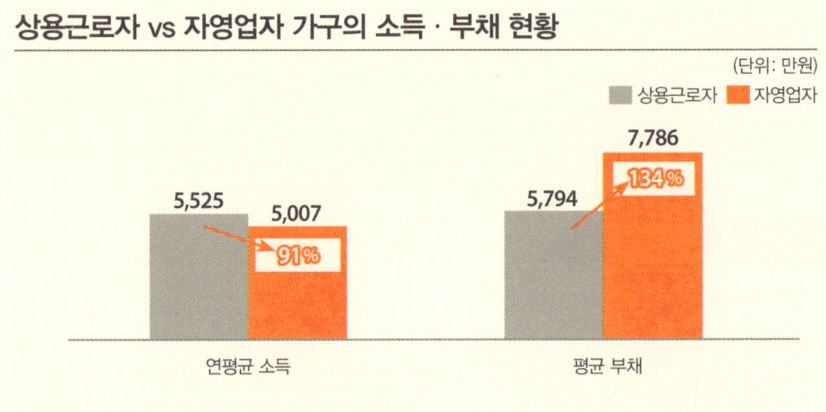

연평균 소득: 상용근로자 5,525 / 자영업자 5,007 (91%)

평균 부채: 상용근로자 5,794 / 자영업자 7,786 (134%)

(자료: 통계청, 2012)

노후준비 절실한 자영업자

아이스크림 가게를 운영하느라 눈코 뜰새 없이 바쁜 안 모(48)씨가 학창시절 친구들과 오랜만에 만난 것은 지난 연말이었다. 오십을 바라보는 친구들이 모이니 금방 화제가 자녀교육 문제와 노후준비로 집중됐다. "야, 우리는 임원 안 되면 앞으로 10년도 버티기 힘들어. 넌 가게 잘 되면 평생 사장님 할 수 있어서 부럽다"는 샐러리맨 친구의 말을 안씨는 웃어 넘겼지만, 마음은 편치 못했다. 어느 정도 기반은 잡았지만 아무래도 대부분의 자산을 사업에 투자한 만큼 '노후준비'라는 것을 진지하게 고민할 겨를이 없었기 때문이다. 그나마 준비해 둔 건 국민연금이 전부여서, 가게를 그만두게 되면 소득이 갑자기 끊어질까 두렵기만 하다.

자영업자는 상대적으로 노후준비가 부족한 것으로 나타났다. 자영업자 열 명 중 세 명은 국민연금을 포함해 그 어떤 노후준비도 하지 못했다고 답했다. 노후준비를 한 자영업자 중에서도 부동산을 제외하면 상용근로자에 비해 노후를 위한 자산을 충분히 준비하지 못했다.

자영업자 가구의 소득·부채 현황도 불안요소이다. 2012년 자영업자 가구의 연평균 소득은 5,007만원으로 상용근로자 5,525만원의 91% 수준으로 유사했지만, 평균 부채는 7,786만원으로 상용근로자 가구 5,794만원의 134%에 달했다. 요즘 같은 경기 불황기에 앞날을 예측하기란 쉽지 않다. 여유자금을 모두 사업에 집중하는 것보다 노후를 위한 준비를 함께 하는 것이 좋다.

알아두면 유익한 정보마당

노란우산공제

근로자의 퇴직금과 유사한 방식으로 자영업자가 폐업, 질병, 노령의 사유로 사업을 할 수 없는 경우에 공제금을 지급하는 정부 지원제도이다. 단란주점 등 유흥음식점업을 제외한 사업주가 가입할 수 있으며 상시 근로자 기준 수로 50인 미만(도·소매, 서비스업은 10인 미만)일 때 가입 가능하다.

베이비부머
"은퇴 후 떠나고 싶다"

은퇴 후 이주 원하는 이유

(단위: %)

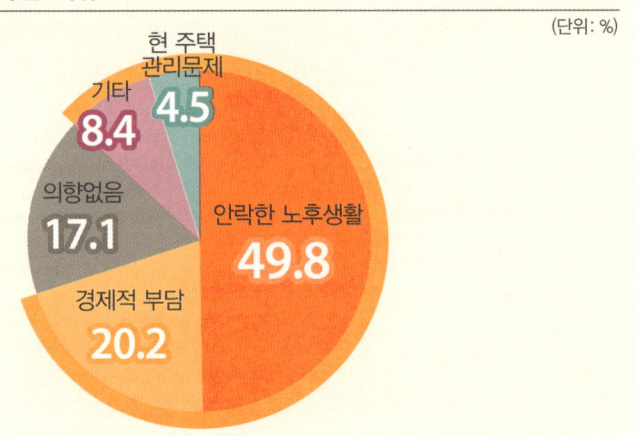

- 현 주택 관리문제 **4.5**
- 기타 **8.4**
- 의향없음 **17.1**
- 경제적 부담 **20.2**
- 안락한 노후생활 **49.8**

(자료: KB금융지주 경영연구소, 2014)

은퇴 후 이주 계획 있다면?

이주유형 ▶ **42.9**% "전원주택 살고 싶다"

이주시기 ▶ **52.1**% "자녀 결혼 후 떠나겠다"

이주지역 ▶ **48.6**% "서울과 가까운 수도권에서 살고 싶다"

(자료: KB금융지주 경영연구소, 2012)

베이비부머 83% '은퇴 후 이주' 고려

백 모(57)씨는 얼마 전 친구에게 "은퇴도 했고, 자녀도 결혼시켰으니 이제 그만 복잡한 서울을 떠나서 조용히 살고 싶다"며 고민을 토로했다. 친구 역시 "주변 환경만 허락한다면 당연히 그러고 싶다"고 동감했다.

KB금융지주 경영연구소가 베이비부머를 대상으로 한 설문 결과에 따르면 응답자의 82.9%는 은퇴 이후 이주를 한 번씩은 고려한 것으로 나타났다. 그 이유로는 '안락한 노후생활'을 꼽은 이들이 49.8%로 압도적이었으며, '경제적 부담'(20.2%), '현 주택 관리문제'(4.5%) 순이었다.

만약 실제로 은퇴 후 이주를 한다면 안락한 노후와 환경을 고려해 전원주택에 살고 싶다는 사람이 42.9%로 가장 많았다. 또한, 예상 이주 시기에 대해 응답자 52.1%는 '자녀 결혼 후'라고 답해 자녀의 완전한 독립이 중요한 고려 사항임을 알 수 있었다. 이주 지역은 서울과 가까운 수도권이란 답변이 48.6%로 1위였다. 이는 은퇴 후에도 충분한 의료·복지·문화 혜택을 누릴 수 있고, 서울에 사는 가족과 가깝기 때문인 것으로 보인다.

알아두면 유익한 정보마당

은퇴 이주 시 고려사항 '5C'

첫째는 합의(Consensus)다. 부부 간의 합의를 통해 은퇴 후 이주로 발생할 수 있는 갈등의 불씨를 사전에 예방해야 한다. 둘째, 환경(Circumstance)이다. 은퇴 후 인생 2막을 준비하기 위해 새로운 주거지로 옮겨가는 사람들에게 쾌적한 주변 환경은 매우 중요한 요인이다. 셋째, 건강 상태(Condition for Health)다. 노후엔 의료 시설에 쉽게 접근할 수 있어야 한다. 주변에 어떤 의료시설이 있는지 잘 따져봐야 한다. 넷째, 비용(Cost)도 무시할 수 없다. 노후 소득이 줄어드는 만큼 소비를 줄여야 한다. 마지막으로 공동체(Community)의 중요성이다. 은퇴 전부터 은퇴 후에 어떻게 생활할지 깊이 고민해 취미를 찾거나 인적 네트워크를 확보해야 한다.

귀농·귀촌 가구,
3년 만에 약 8배 증가

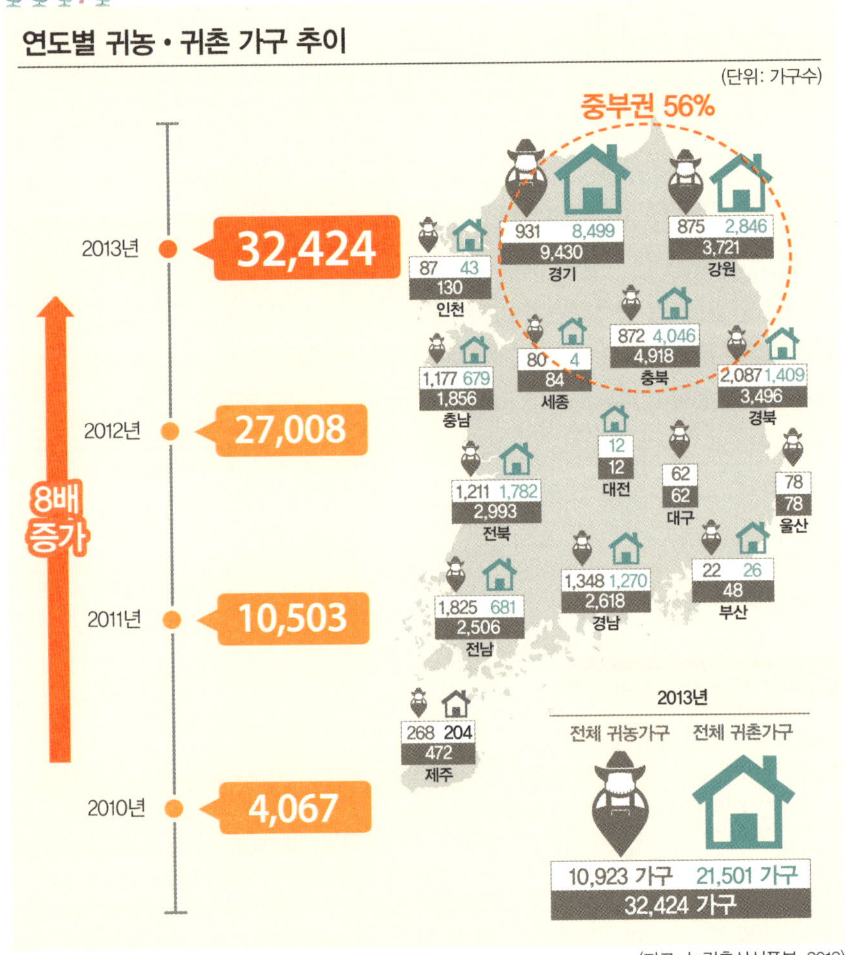

연도별 귀농·귀촌 가구 추이

(단위: 가구수)

중부권 56%

2013년	**32,424**
2012년	**27,008**
2011년	**10,503**
2010년	**4,067**

8배 증가

| 931 | 8,499 |
| 9,430 |
| 경기 |

| 875 | 2,846 |
| 3,721 |
| 강원 |

| 87 | 43 |
| 130 |
| 인천 |

| 80 | 4 |
| 84 |
| 세종 |

| 872 | 4,046 |
| 4,918 |
| 충북 |

| 1,177 | 679 |
| 1,856 |
| 충남 |

| 2,087 | 1,409 |
| 3,496 |
| 경북 |

| 12 |
| 12 |
| 대전 |

| 1,211 | 1,782 |
| 2,993 |
| 전북 |

| 62 |
| 62 |
| 대구 |

| 78 |
| 78 |
| 울산 |

| 1,348 | 1,270 |
| 2,618 |
| 경남 |

| 22 | 26 |
| 48 |
| 부산 |

| 1,825 | 681 |
| 2,506 |
| 전남 |

| 268 | 204 |
| 472 |
| 제주 |

2013년

전체 귀농가구   전체 귀촌가구

| 10,923 가구 | 21,501 가구 |
| 32,424 가구 |

(자료: 농림축산식품부, 2013)

도시를 떠나 귀농 · 귀촌하는 사람들 '난 시골이 좋아'

"여보, 우리 나중에 시골 내려가서 흙냄새 맡으며 살까?"

윤 모(58)씨가 본격적인 귀촌에 대해 생각하게 된 것은 성공적인 귀촌 가족을 다룬 TV 프로그램 속 부부의 표정이 너무도 행복해 보였기 때문이다. 사실 예전부터 귀농·귀촌을 막연하게 바라왔던 윤씨와 달리 아내는 도시생활을 선호한다는 것을 알고 있었기에 어렵게 꺼낸 말이었다. 그런데 의외로 아내의 반응이 긍정적이었다. 정도의 차이는 있겠지만, 생활비가 많이 들고 복잡한 도심을 조금 벗어나고 싶은 기분은 부부가 같았던 것이다. 이에 윤씨는 소박하고 여유 있는 전원생활을 꿈꾸며 남은 인생을 설계해 보기로 마음먹었다.

2013년 귀농·귀촌 가구 수가 3만2천여 가구에 달해 사상 최대를 기록했다. 이는 해마다 급증해, 2010년 4천여 가구에서 3년 사이 약 8배나 증가한 수치이다. 누적 가구 수로는 2013년 말 기준 10만3천여 가구에 달한다. 농림축산식품부는 이러한 현상이 최근 베이비붐 세대의 은퇴 증가와 전원생활을 통한 가치추구 경향 확산에서 비롯된 것으로 분석했다. 한편 귀농·귀촌 가구의 지역분포를 보면 상대적으로 서울과 가까운 중부권에 전체의 56%가 집중된 것으로 나타났다.

알아두면 유익한 정보마당

'귀농' vs '귀촌' 의 차이

귀농과 귀촌은 둘 다 주거지를 도시에서 시골로 옮기는 것이지만 소득의 조달 방식에서 차이가 있다. 귀농은 생활에 필요한 소득의 대부분을 영농을 통해 조달하는 반면에, 귀촌은 농업 이외의 부문 예컨대 각종 연금, 이자와 같은 금융소득, 임대소득이나 숙박시설, 체험시설 등의 운영을 통해 얻는다.

전문가들은 '귀농'에 앞서 '귀촌'에 먼저 도전하라고 말한다. 귀농이 농사로 생계를 꾸리는 개념이라면 귀촌은 삶의 터전을 시골로 옮겨 전원생활을 누리는 것이다. 귀촌을 했다가 적성에 맞으면 귀농하는 수순이 좋다.

내 삶의 만족도를 높이는 노후 자원봉사

65세 이상 고령자 자원봉사 활동 이유

(단위: %)

자신의 성취감
70.9

사회환원
24.3

2.5 시간보내기
2.3 새로운 만남

(자료: 통계청, 2011)

고령자 자원봉사 활동분야

(단위: %)

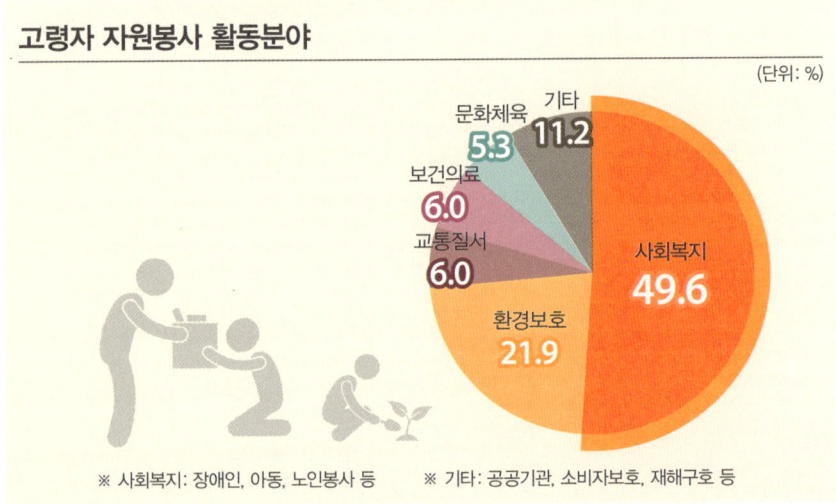

기타
11.2

문화체육
5.3

보건의료
6.0

교통질서
6.0

사회복지
49.6

환경보호
21.9

※ 사회복지: 장애인, 아동, 노인봉사 등   ※ 기타: 공공기관, 소비자보호, 재해구호 등

(자료: 보건복지부, 2011)

1석 2조 이상의 자원봉사 효과

"허허… 내가 좋아서 하는 거지, 오히려 봉사하면서 더 행복해진다네."
얼마 전 지인과 통화를 하시며 너털웃음을 짓던 할아버지를 본 이 모(17)군
은 고개를 갸우뚱했다. 무엇이 할아버지를 그렇게 행복하게 하는지 알 수가
없었다. 그러나 요양원에서 봉사를 하는 할아버지의 말씀을 들으니 이해가
갔다.

"처음에는 어색하고 피곤했지만 요양원에 있는 내 또래의 손발이 되어주
고, 말벗을 해주는 일이 내게 인생의 또 다른 행복을 줬단다. 다른 사람을
위해 잠깐 시간을 내는 것만으로도 좋은 일을 하고 있다는 기분과 지금 내
가 얼마나 행복하게 살고 있는지 감사히 여기는 기회가 됐지."

자원봉사는 육체적·정신적 건강은 물론, 봉사단체 소속감과 봉사대상과
함께 함으로써 노후의 복병인 외로움을 덜 수 있어 1석 2조 이상의 효과가
있다. 나아가 자원봉사는 더불어 살아가는 삶을 깨워주고, 사회경험과 안목
을 높이는 계기를 마련하며, 궁극적으로 자아실현을 가능하게 한다. 자원봉
사는 우리가 사는 사회를 행복 공동체로 만들기 위한 가치 있는 활동이다.

알아두면 유익한 정보마당

자원봉사하면 오래 산다?

미국 국가봉사단의 2006년 특별보고서에 따르면, 자원봉사를 많이 하는 지역의 주민일수록 오
래 사는 경향이 있다고 한다. 지역인구 중 봉사를 하는 비율이 높은 도시나 주(states)가 각종 질
병으로 인한 사망률이 현저히 낮았기 때문이다. 조사 결과 자원봉사와 사망률의 관계가 정확히
비례하지는 않았지만 깊은 관계가 있음을 알 수 있다. 실제로 자원봉사 활동을 오래한 사람들의
얼굴을 보면 나이보다 젊어 보이고, 온화함이 가득하다.

"여행은 다리 떨릴 때 하는 것이 아니라
가슴 떨릴 때 다녀야 하는 것이다"

– 어느 라디오 청취자 사연 중 –

F.U.N

재미와 여가

재미 · 웃음 · 여가 · 休테크 · 문화

베이비부머는
즐기며 살고 싶다… 42.3%

베이비부머가 희망하는 노후생활

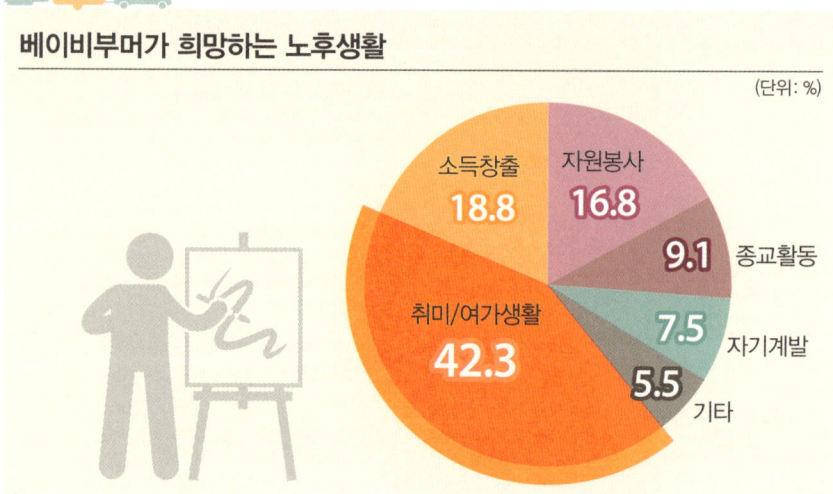

(단위: %)

- 소득창출 **18.8**
- 자원봉사 **16.8**
- 종교활동 **9.1**
- 자기계발 **7.5**
- 기타 **5.5**
- 취미/여가생활 **42.3**

(자료: 한국보건사회연구원, 2010)

장년층 연령별 희망하는 여가활동

50대

- 1순위 **54.4%** 여행
- 2순위 **7.8%** 스포츠활동
- 3순위 **6.4%** 문화예술관람

60대 이상

- 1순위 **44.6%** 여행
- 2순위 **10.9%** 사교관련
- 3순위 **7.7%** 종교활동

(자료: 통계청, 2013 사회조사)

은퇴 후 여가 계획 짜기

　　대기업 부장 출신인 베이비부머 세대 나 모(57)씨는 나름 성공적으로 노후준비를 해놓았다는 자부심을 가지고 있다. 문제는 은퇴 후 남아도는 시간. '이대로 있다가는 허송세월만 보낼 것 같다'는 생각이 든 그는 시간표를 만들어 살아 보기로 결심했다. 특히 지금까지 일에 치여 제대로 즐겨보지 못한 취미생활을 다양하게 시도했다. 처음에는 어색했지만, 이제 그는 직장생활 때보다 더 활기차고 즐거운 하루하루를 보내고 있다. 또 대부분의 여가를 배우자와 함께 즐길 수 있어 부부 간의 관계도 돈독해졌다.

　　은퇴 후 여가 시간을 의미 있게 보내기 위해선 은퇴 전부터 여가활동도 습관을 들여야 한다는 것이 전문가들의 공통된 조언이다. 자신이 왜 여가활동을 하는지를 객관적으로 살펴보는 것도 중요하다. 여가 동기는 자신에게 알맞은 새로운 여가활동을 찾는 데 매우 중요한 기준이 되기 때문이다. 마음 먹은 것을 행동으로 옮기기 위해서는 구체적인 실행계획을 작성하는 것도 좋은 방법이다.

알아두면 유익한 정보마당

우리나라 사람들의 주요 해외여행지

희망하는 여가활동 1위, 여행! 우리나라 사람들의 주요 여행국가는 어디일까? 한국문화관광연구원에 따르면 일본, 중국 등 인근 국가가 대다수였으며 대만, 미국이 그 뒤를 이었다. 특히 연령대가 높아질수록 중국여행을 선호하는 것으로 나타났다. 중국은 한국과 지리적으로 가깝고 풍경이 좋으며, 물가가 많이 비싸지 않다는 점 등이 장점으로 꼽혔다. 그러나 최근 중장년층의 건강과 소득 수준이 올라가면서, 유럽 등 멀리 해외여행을 떠나는 고령자도 늘어나고 있다.

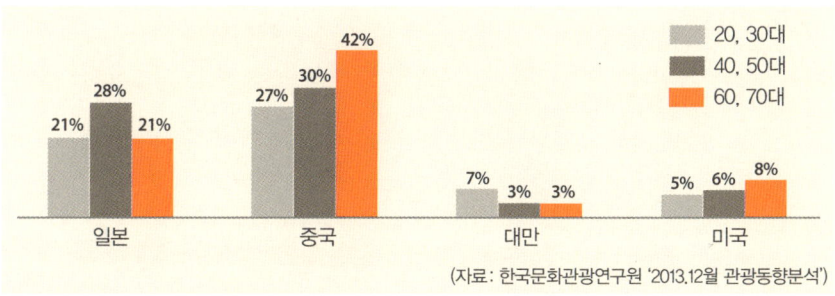

(자료: 한국문화관광연구원 '2013.12월 관광동향분석')

나이 들수록
안락한 여가활동 선호

여가활동의 연령별 선호도 비교

70대 기준

(TV시청 제외, 중복응답)

1 산책 **45%**
2 친구/동호회 만남 **24%**
3 낮잠자기 **22%**

50대 기준

1 등산 **29%**
2 산책 **29%**
3 친구/동호회 만남 **20%**

30대 기준

1 쇼핑/외식 **23%**
2 친구/동호회 만남 **21%**
3 영화보기 **19%**

(자료: 문화체육관광부, 국민여가활동조사, 2012)

일상생활에서 행복 느끼는 노후

오랫동안 몸 담았던 공직생활을 은퇴하고 자녀 둘을 모두 결혼시킨 정 모 (62)씨는 요즘 매일 저녁 아내와 함께 근처 공원을 산책하는 일이 중요한 일과 중 하나다. 그도 젊은 시절에는 내 집을 마련하고 자녀들을 좋은 대학에 보내며, 직장에서의 승진이 가장 중요한 목표이자 행복이라고 생각했다. 그러나 나이가 들면서 점차 일상생활 속에서도 충분히 기쁨을 느끼게 되었다. 친한 친구나 가족들과 함께 산책을 하거나, 오후에 한가로이 영화를 보는 등 '천천히 살아가는 법'을 배웠다고 할 수 있다.

국내 여가통계에서도 그러한 경향을 읽을 수 있다. 선호하는 여가활동 중 1위 TV 시청을 제외하면 연령대별로 다른 결과를 나타냈다. 20~30대는 쇼핑/외식, 영화관람이나 친구 모임 등 활발하게 즐기는 여가활동을 선호했다. 그러나 은퇴한 이후의 60~70대는 산책이나 친구 모임, 낮잠 등 상대적으로 활동량이 적으면서도 일상생활에서 즐길 수 있는 여가를 더 선호하는 것으로 나타났다.

알아두면 유익한 정보마당

미국인의 행복은 나이와 비례한다

미국 펜실베니아 대학의 심리학자 캐시 모길너(Cassie Mogilner) 박사의 연구결과에 따르면, 사람은 나이가 들수록 일상생활에서도 기쁨을 얻어 젊은 시절보다 더 행복하다고 한다. 연령층에 따라 행복을 느끼는 행동의 유형이 다른 것을 알 수 있다.

젊은 시절의 행복 유형		고령자의 행복 유형	
• 하와이 휴가 • 알래스카 낚시 • 결혼 및 출산	특별한 경험 중시	• 배우자와 영화 보기 • 자전거 타기 • 햇볕 쬐며 개 산책시키기	특별한 경험 + 평화로운 일상

월 평균 여가비용 12.5만원…
20대 가장 높아

연령대별 월 평균 여가비용

(단위: 만원)

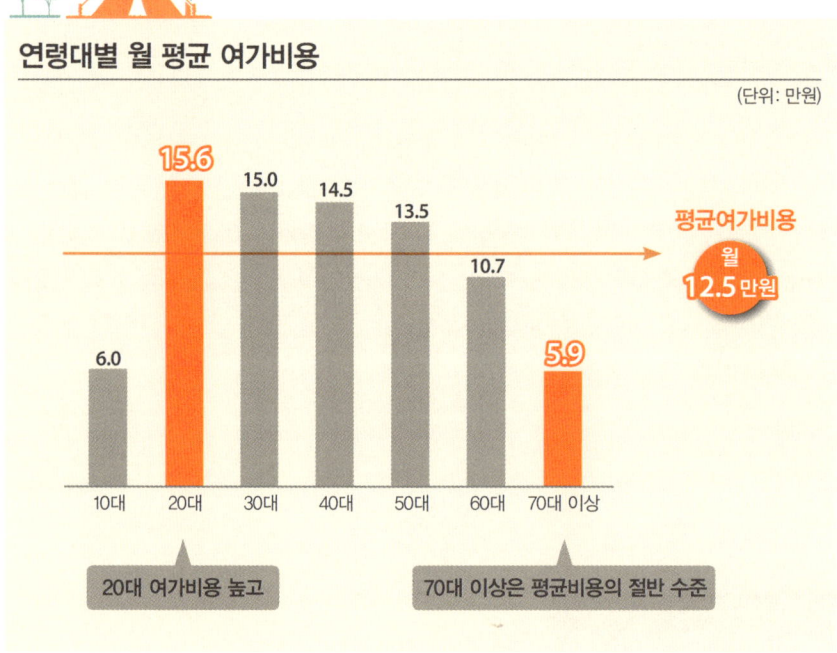

평균여가비용
월 **12.5** 만원

6.0	15.6	15.0

10대 6.0
20대 15.6
30대 15.0
40대 14.5
50대 13.5
60대 10.7
70대 이상 5.9

20대 여가비용 높고

70대 이상은 평균비용의 절반 수준

(자료: 문화체육관광부, 국민여가활동조사, 2012)

여가비용 높은 20대, 지금부터 현명하게 사용해야

대학생 아들을 둔 김 모(52)씨는 용돈을 올려달라는 아들의 말에 한숨부터 나왔다. 부족하지 않을 만큼 주고 있다고 생각했는데 더 올려달라니, 아들이 친구들과 어울리고 즐기는데 너무 많은 돈을 쓰는 것 같았다. 아들이 어렸을 땐 예상 가능한 범위에서 돈이 들어갔는데, 20대가 되면서 혼자만의 씀씀이가 커지고 있는 것이다. 오히려 부부가 여가생활에 쓰는 비용이 더 적은 것 같았다. 결국 김씨는 아들을 앉혀 놓고 현명한 소비에 대해 조언했다.

국민여가활동조사에 따르면 한국인의 여가비용은 월 평균 12.5만원으로, 20대 이후 연령대가 높아질수록 여가비용이 줄어드는 것으로 나타났다. 나이가 들수록 TV 시청이나 산책 등 큰 비용이 들지 않는 조용한 여가활동을 선호하기 때문이다. 반대로 20대의 경우 상대적으로 비용에 구애받지 않고 여가를 즐기는 경향이 있어 여가비용이 가장 높은 것으로 나타났다. 여가는 삶의 활력소지만, 계획 없이 소비만 하는 '여가 과소비'는 피해야 한다.

알아두면 유익한 정보마당

하버드 경영대학원의 현명하게 인생을 사는 법칙 'W.I.S.E.'

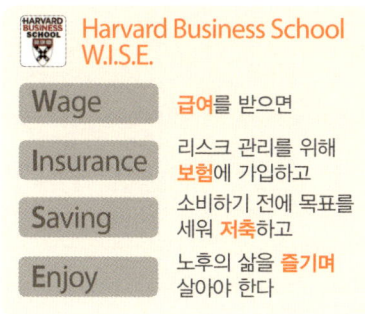

HARVARD BUSINESS SCHOOL

Harvard Business School W.I.S.E.

- **Wage** — 급여를 받으면
- **Insurance** — 리스크 관리를 위해 보험에 가입하고
- **Saving** — 소비하기 전에 목표를 세워 저축하고
- **Enjoy** — 노후의 삶을 즐기며 살아야 한다

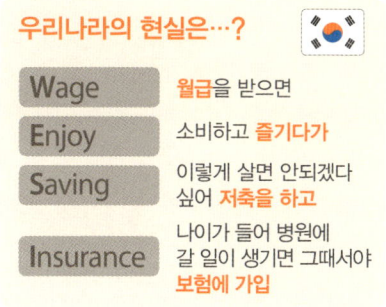

우리나라의 현실은…?

- **Wage** — 월급을 받으면
- **Enjoy** — 소비하고 즐기다가
- **Saving** — 이렇게 살면 안되겠다 싶어 저축을 하고
- **Insurance** — 나이가 들어 병원에 갈 일이 생기면 그때서야 보험에 가입

나홀로 여가 30.5%
부부 간 대화도 적어

60세 이상 고령자 여가활동 동반자

(단위: %)

- 친구, 연인 **8.5**
- **7.6** 동호회
- 가족 **53.2**
- 혼자서 **30.5**
- 기타 **0.2**

(자료: 통계청, 사회조사결과, 2013)

배우자와의 하루 평균 대화시간

(단위: %)

- 대화 없음 **0.7**
- 2시간 이상 **16.5**
- **16.6** 30분 미만
- 1시간~2시간 미만 **26.2**
- 30분 미만~1시간 미만 **40.0**

(자료: 통계청 가족실태조사, 2010)

함께 즐기는 여가! 노후행복의 시작

나날이 소원해지는 부부 관계에 위기를 느낀 나 모(57)씨. 은퇴하면 집에서 아내와 평화롭고 단란한 일상을 보낼 것이라고 생각했던 그는 자신이 뭘 몰라도 한참 몰랐다는 것을 알게 되었다. 대화를 하려 해도 서로 관심사가 달랐고, 어색한 대화는 이내 침묵으로 이어지기 일쑤였다. 즐기던 등산도 혼자 하려니 재미가 없었다.

결혼 후 내조만 하며 살아온 아내에게 이번에는 자신이 먼저 다가갈 차례라는 생각이 든 그는 아내가 무엇을 좋아하는지 유심히 관찰한 후 행동에 나섰다. 아내의 화초 관리를 손수 돕고, 일주일에 한 번씩 노래방에서 옛 추억을 떠올리며 함께 노래를 불렀다. 처음에는 둘 다 어색했지만 그 효과는 컸다. 요즘 부부는 신혼처럼 알콩달콩한 기분을 다시 느끼고 있다.

은퇴 이후의 삶이 보다 건강하고 행복해지기 위해서는 여가가 필요하며 부부가 함께 즐길 수 있는 여가라면 더욱 좋다. 은퇴 이후 생활 패턴이 변화해 어색해지는 경우가 많은데, 부부가 함께 여가를 즐길 수 있다면 원만하고 행복한 가정이 따라올 것이다. 노후에 느끼는 사소한 행복은 그리 멀리 있지 않다.

알아두면 유익한 정보마당

부부 관계 향상을 위해 가장 하고 싶은 것

(단위: %, 남편 기준)

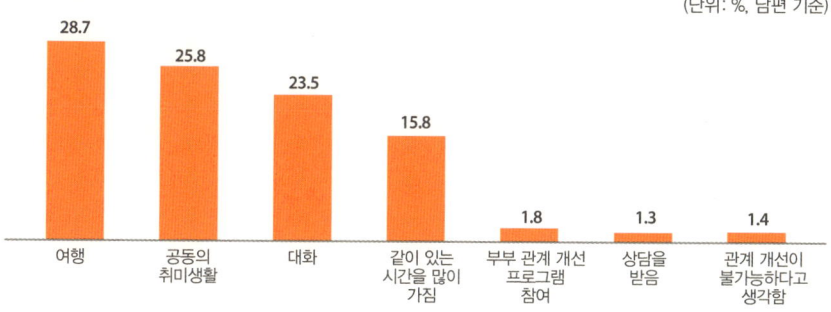

여행	공동의 취미생활	대화	같이 있는 시간을 많이 가짐	부부 관계 개선 프로그램 참여	상담을 받음	관계 개선이 불가능하다고 생각함
28.7	25.8	23.5	15.8	1.8	1.3	1.4

(자료: 통계청 가족실태조사, 2010)

60세 이상 77%는
문화생활 경험 없어

문화생활 경험 유무(2013년)

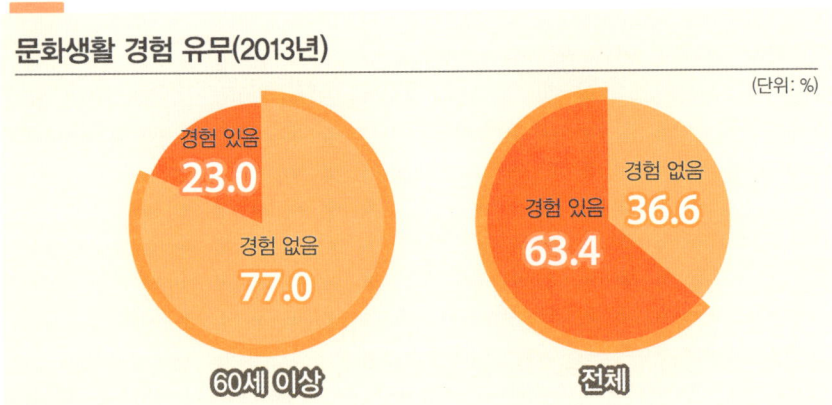

(단위: %)

경험 있음 **23.0**
경험 없음 **77.0**
60세 이상

경험 없음 **36.6**
경험 있음 **63.4**
전체

문화생활 경험 유형(유경험자 기준)

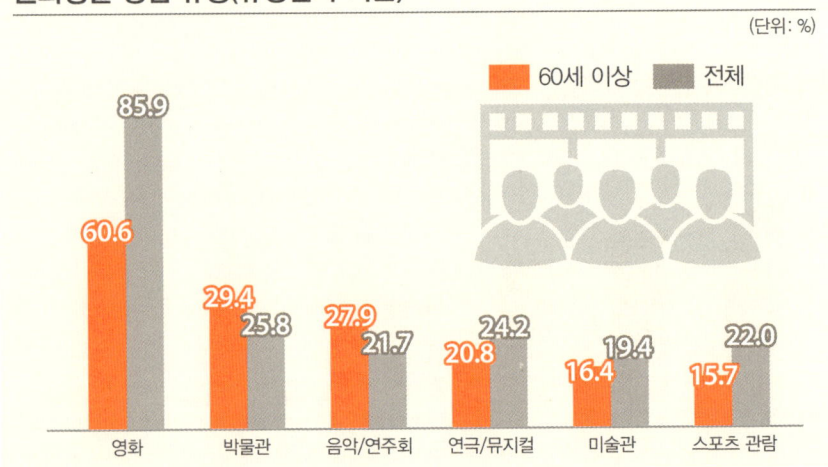

(단위: %)

■ 60세 이상　■ 전체

영화	박물관	음악/연주회	연극/뮤지컬	미술관	스포츠 관람
60.6 / 85.9	29.4 / 25.8	27.9 / 21.7	20.8 / 24.2	16.4 / 19.4	15.7 / 22.0

(2013년 1년간, 복수응답, 전체는 13세 이상 인구 대상)

(자료: 통계청, 사회조사, 2013)

놀아본 사람이 잘 논다

신도시에 살고 있는 한 모(68)씨는 소위 문화생활이란 걸 제대로 즐겨 본 적이 없다. 젊은 시절은 그 또래 누구나 그러하듯 일만 하며 살았고, 결혼 후 바쁘다는 핑계로 영화 한번 본 적이 없다. 요즘 친구들을 만나면 종종 대화에서 소외되는 느낌을 받는다. 무슨 영화를 봤느니, 누구의 공연을 보고 왔다느니 하는 친구들이 부쩍 늘어난 것이다. 부러운 마음에 한씨도 시도해 보려 했으나 영 익숙치가 않아 매번 포기하고 만다.

통계청이 발표한 '2013 사회조사'에 따르면 지난 1년 동안 공연·전시 및 스포츠를 한 번이라도 관람한 60세 이상 고령자는 23.0%에 불과했다. 이는 13세 이상 인구 전체(63.4%)에 비해 현저히 낮은 수치다.

노는 것도 놀아본 사람이 잘 논다는 말이 있다. 노후에 남는 시간을 무의미하게 보내지 않기 위해 지금부터라도 문화생활을 접해보는 것은 어떨까? 영화, 미술관 관람 등은 예전과 달리 큰돈 들이지 않아도 즐길 수 있고, 이를 계기로 여러 사람과 즐겁게 소통할 수 있어 노후가 조금은 덜 외로울 수 있다. 놀고 즐기고 어울리는 것도 해봐야 잘할 수 있다.

알아두면 유익한 정보마당

70세 이상 시니어 문화생활 즐기기 Tip

예술의전당은 종심(從心, 70세)세대를 위한 새로운 회원제 '노블회원(Noble membership)'을 운영하고 있다. 70세 이상 시니어라면 누구나 무료로 가입 가능한 노블회원은 지정공연 40% 할인 · 감상강좌 30% 할인 · 큰 활자체 프로그램 가이드 수령 등의 혜택을 누릴 수 있다.

노블회원이 아니더라도 문화 · 예술 공연에 관심 있는 시니어라면 예술의전당 홈페이지의 '당일 할인티켓 예매가능 공연리스트'를 주기적으로 확인해서 저렴하게 즐기는 것도 좋은 방법이다.

70세 이상 하루 여가 5.9시간, 진지한 여가가 필요하다

중장년층 평일 여가시간(평균)

50대 **3.1**시간 ▶ 60대 **4.1**시간 ▶ 70대 이상 **5.9**시간

60대의 상위 10순위 여가활동

(단위: %, 1~5순위 복수응답 기준)

활동	%
TV시청	86.4
목욕·사우나	73.1
잡담·통화	70.2
산책	58.2
외식	52.7
가족·친지방문	52.4
낮잠	50.0
등산	44.9
신문·잡지	34.2
종교활동	33.6

(자료: 문화체육관광부, '2012 국민여가활동조사')

휴(休)테크가 곧 노(老)테크

　정년 퇴직한 안 모(60)씨는 얼마 전부터 아내와 사사건건 말다툼을 하고 있는데, 종일 TV 앞만 지키거나 낮잠을 자는 그를 아내가 곱게 볼 리 없었기 때문이다. 더 큰 문제는 앞으로 20~30년 간 그의 모습이 크게 변하지 않을 것 같다는 데 있다. 그야말로 TV전문가가 되는 것이다.

　은퇴 후 여가시간이 많아지는데, 같은 중장년층이라도 차이가 있다. 평일 기준으로 50대 여가시간은 하루 3.1시간이지만, 60대는 4.1시간, 70대는 5.9시간으로 증가한다. 그러나 우리나라 고령자들은 주로 목적 없이 쉬는 경향이 강하다. 고성장을 경험했던 1970~80년대에 청·장년기를 보내면서 일만 하고 여가활동을 제대로 즐기지 못했기 때문이다. 동시에 여가를 즐기는 것을 나태하다고 생각하는 경향이 있다.

　그러나 여가의 가치는 생각보다 크다. 여가생활을 통해서 생산적이고 능동적인 자기계발이 가능하고 새로운 노후의 즐거움을 찾을 수 있다. 게다가 여가생활로 즐기던 취미가 은퇴 후 제2의 직업으로 이어질 수도 있다는 점을 감안하면, 여가시간은 그냥 쉬는 시간이 아닌 보람 있는 노후를 위한 노(老)테크가 될 수 있다.

알아두면 유익한 정보마당

진지한 여가(Serious Leisure) vs 일상적 여가(Casual Leisure)

캐나다 캘거리대 교수 스테빈스(R. Stebbins)가 처음 사용한 '진지한 여가'는 TV 시청, 낮잠 등과 같은 '일상적 여가'의 상대적인 개념으로 보다 적극적이고 계획적인 여가를 뜻한다. 예술이나 스포츠 등의 분야에서 아마추어 수준으로 참여하는 활동이 이에 포함될 수 있다. 이러한 진지한 여가는 일정한 과정을 거쳐 직업이 될 가능성도 있다. 100세 시대를 맞아 고령자의 재취업 및 다양한 사회적 활동이 필요하다는 관점에서 보면 진지한 여가의 개발은 노후생활을 대비하는 방법이 될 수 있다.

한화생명 은퇴스토리 03

통계로 보는 은퇴스토리

지 은 이 한화생명 보험연구소
펴 낸 이 박영발
펴 낸 곳 W미디어
등   록 제2005-000030호
1쇄 발행 2014년 10월 29일
주   소 서울 양천구 목동 907 현대월드타워 1905호
전   화 02-6678-0708
E-mail wmedia@naver.com
디 자 인 네오그린토탈디자인

ISBN 978-89-91761-61-2 (세트)
ISBN 978-89-91761-76-6   14320

값 8,000원